手法作りに必要な"考え"がわかる

データ検証で「成績」を証明

株式投資のテクニカル分析
売買ルール集

売買ルールの過去検証から判明した
個人投資家が持つべき正しい戦略

著 若林良祐

はじめに

本書の目的は、2つある。

ひとつは、システムトレーダーにも、手動で取引する裁量トレーダーにも役立つような**「市場に関する情報を提供すること」**である。

手数料の自由化とネット証券の普及、それに加えてSNS等で多くの人間が情報を発信するようになった。そのため、投資家が株式投資に関する情報を入手すること自体は、一昔前と比べて、はるかに容易になった。

しかし、その一方で、真に有益かわからない情報が数多く存在するのもまた事実である。

例えば、直近の市場で大きな利益を上げることのできた売買ルールが見つかったとしても、それが今後の市場でも有効である保証はない。今回手にすることのできた利益は、単に巨大なリスクを負ったうえでの幸運の産物だったのかもしれない。

それにもかかわらず、多くの投資家が“真偽のはっきりしない結果”の妥当性について深く考え、自分なりに取り入れた情報が正しいのかについて検証する機会はあまり多くないように思われる。

特に、SNS上のコンテンツの中には、直近のリターンの大きさだけで集客を行い、有効かどうかもわからない手法を広く普及させるようなケースも見られる。

そして、そういう場所で紹介されたセミナーへの参加や商材の購入を行った投資家は、相場で失敗するたびに講師を変え、手法を変え、結果として多くの資金を情報コンテンツにつぎ込むことになってしまう。

本書は、情報の海で溺れている数多くの投資家に対して、過去データによる検証結果というひとつの道筋を示したいと考え、執筆したものである。

一定期間の日本市場において、ある手法に従って個別銘柄をピックアップして取引したときの資産推移を示すことで、一般的な手法の解説書よりも、より確かな投資戦略の紹介を目指したいと思う。

もちろん、本書で紹介する検証結果はあくまで過去の相場におけるものにすぎない。したがって、オーバーフィッティングや偶然性などのリスクを完璧に排除することはできない。

だが、過去にうまくいった数例の取引を提示し、それを万事うまくいくかのように解説するようなコンテンツよりも、きっと多くの情報をあなたに提供できると信じている。

自分なりの投資戦略を確固たるものにするには、「どこで買ってどこで、売るべきか」という単純な売買ポイントだけでなく、勝率やペイオフレシオをはじめとした、その戦略の「運用上の特性」も知っておく必要がある。

以上を踏まえ、単純な手法の解説にとどまらず、成績の評価指標を通じて、より深いところまで投資家の理解を促すことを狙っている。

もうひとつの目的は、本書で紹介する売買ルールをベースとして、**「自分の手法作りに役立ててもらう」**ところにある。

この本の中では、検証結果として“利益率の高い売買ルール”をランキング形式で紹介している箇所がある。それを参考に、順位の高い売買ルールをそのまま真似てもらうというのがひとつの方法である。

ただ、このやり方は決して間違っていないが、できることなら、もう一歩先に進んでいただきたいと考えている。

投資に限った話ではないが、ノウハウを教わる場合、一般的には“結果を出している人が編み出したやり方”を参考にすることになる。本書で紹介している売買ルールも例外ではない。突き詰めていくと“どこぞの誰か”が発見したものとなる。

学ぶの語源は「真似ぶ」という説もあるように、人の真似から入ること自体は悪いことではない。

だが、真似だけで満足していては、いずれ頭打ちになるだろう。なぜなら、人はそれぞれ、思考も、好みも、性格も違うからである。コピーは、あくまでもコピーである（オリジナルではない）。やはり、自分に合った、自分だけのルールを作ることができるのであれば、それにこしたことはない。

本書では、“そこ”を目指した。過去検証で実績のある売買ルールを参考にして、「結果の出ているルールに共通している項目は何か」「どういう思想で売買ルールを構築すればよいのか」などを学び、自分専用の手法を、自分の手で作ってほしいと願っている。できることなら、他人の手法をただ真似するだけのレベルは卒業していただきたい。

本書で紹介する売買ルールはすべて「テクニカル指標」によって定義されている。これは、上場銘柄の価格変動データのみによって計算される指標であり、企業の収益性や財務健全性などの財務関連情報は基本的には使用しない。要するに、テクニカル指標は、プロの運用者から個人投資家まで、幅広く開かれた情報と言える。こうした情報の中から、実際の市場で有効とされるパターンを見つけ出すことができれば、それは特別な情報を必要としない非常に便利な武器となるだろう。

本書では、第１章にて「検証における前提条件や運用評価指標」に

～本書で紹介しているテクニカルの選択基準～

◎単一のテクニカル指標について

「一般的な証券会社のツールに搭載されている」という条件に加え、「検証ツールであるイザナミにも搭載されている」テクニカル指標の一般的な売買シグナルを採用してルールを作成。

◎複数のテクニカル指標を使用した売買ルールについて

基本的には有名なものを取り上げるというコンセプトで実施。その中でも以下の視点で組み合わせた売買ルールの作成を意識した。

・短期目線での順張り、逆張りシグナル
・長期目線での順張り、逆張りシグナル

ついての確認を行い、それ以降に行う売買ルールの検証のための準備を整える。

次に、第２章にて「単一のテクニカル指標による売買ルール」の検証を行う。

さらに第３章では、多くの投資家がそうしているように「複数のテクニカル指標を組み合わせて使用する売買ルール」の検証を行う。

第４章以降では、本書を手にとっていただいた投資家に対して、より多くの学びを提供できるように、売買ルールを考えるときのポイントや、実際の運用における銘柄分析についても触れていく。

特に第５章では、本格的なシステムを使用することが難しい一般の投資家でも、本書の検証結果を運用に活かすことができるように書いている。

この先の本編が、あなたにとって楽しいものになることを願っている。

若林　良祐

C O N T E N T S

第2章　単一のテクニカル指標による検証

※第2節～第15節まで、「概要」「売買ルール」「検証結果」「考察」で構成

第3章　複数の指標による売買ルールの検証

※第2節～第13節まで、「概要」「売買ルール」「検証結果」「考察」で構成

第4章　売買ルールの検証を通しての考察

第1章

検証のための指標解説

～第１節～
検証を始める前に

この章では、売買ルールの検証を始めるにあたって、投資対象の流動性や、１取引に掛かるコストなど、前提条件となる内容のほか、本書内で運用成績を評価するときに使う評価項目の解説などを行う。

本書のメインテーマである売買ルールの検証に入る前に、いくつか準備をしなければならない。売買ルールの検証に必要な準備を省略し、ただ得られた成績推移グラフや最終資産残高を見るだけでは、検証から得られる学びはわずかなものにとどまるだろう。そのため、この章では、次章以降に行う売買ルールの検証に入る前に、２つの点について解説していく。

ひとつ目は「全売買ルールに共通する条件」を整理することである。これは「(売買ルールに) どのテクニカル指標を用いるか」を問わず、すべての売買ルールに一律に適用される条件のことである。具体的には、以下の３つが挙げられる。

◎最低平均売買代金
◎１取引当たりの手数料
◎同じタイミングで同じ売買シグナルが出た銘柄間における仕掛けの優先順位

こうした条件を前提として整理しておくことによって、以降の検証を円滑に進められるようになる。

もうひとつは、運用成績の評価に関わる部分の用語についてである。システマティックな運用に慣れ親しんでいる人間でない限り、ペイオフレシオや利益・損失の標準偏差といった運用評価に関する指標について聞いたことがあるという投資家は少ないだろう。そのため、この章の後半部分では、こうした運用評価指標の定義や利用方法について解説する。

～第2節～
全売買ルールに共通する条件

それでは全売買ルールに共通する条件を見ていこう。この節の要素を整理していくうちに、「投資戦略には、こんなにも多くの要素が含まれているのか」と、きっと驚くはずだ。しかも、見出しにある通り、ここで解説するほとんどの要素は、検証する売買ルールのコンセプトに限ることなく、ほぼすべての売買ルールに共通する要素になる。

売買ルールの検証に入る前に、こうした部分で足並みをそろえておくことは、今後の話を進めるうえでとても重要になる。

●

1）使用するツールについて

まずは今回の検証において使用するツールに触れておきたい。今回は、有限会社ツクヨミが開発した「イザナミ」というツールを使用した。通常、過去データによる検証というとプログラミングによって自身で環境を整えたうえで売買ルールを検証していくのが一般的であるが、それにはプログラミングやデータサイエンスをはじめとした、多くのスキルの習得を必要とする。

しかし、多くの個人投資家にとって、必要性を認識した段階で、ゼロからそうしたスキルを実務レベルにまで高めるのは、大きな困難を伴うだろう。

私たちが目指すのは、あくまでも「自分なりの売買ルールの開発」である。そのため、今回は自前で検証環境を整えることはせず、外部のツールを使用することで「売買ルールの検証」という本来の目的に十分な時間を割いた。

2）検証期間

検証における対象期間は2005/1/1～2020/9/30の営業日とした。売買ルールの検証期間というのは短すぎれば、トレードのサンプルが不足してしまう反面、長すぎるとすでに有効性の失われた売買ルールを過大評価してしまうことにもなりかねないからだ。

また、検証期間の中に全体相場の上昇・横ばい・下降をすべて含むように考慮した。その設定にすることで、特定の相場によらない売買ルールの検証が可能となるからだ。

今回は検証のスタート地点を2005年とすることで「リーマンショック相場」と呼ばれるような下落相場や、2013年以降の「アベノミクス相場」と呼ばれる上昇相場での振る舞いを確認できるように調節した。

3）総資金

運用の初期資金としては「300万円」を想定して、その後の資産推移を計測する。ここでは、検証対象となる売買ルールの優位性が明らかにできる程度に仕掛け銘柄の分散ができ、なおかつ、個人投資家にとって大きすぎない金額になるように意識した。

参考データとしては日本証券業協会「個人投資家の証券投資に関

する意識調査について」（平成30年）を利用した。同調査によると、日本の個人投資家における株式保有額は「100万円～300万円」が約23%と最も多い。さらに、100万円未満のものも含めた「300万円未満」という区分で見ると、全体の約6割にものぼるという結果が出ている。

以上を考慮し、今回の検証においては、初期資金として300万円という金額が、個人投資家のリスク低減と準備可能性の観点から妥当であると考えた。

また、今回の検証では、信用取引によるレバレッジは使用しない。これには2つの理由がある。

ひとつ目の理由は、運用のプロではない個人投資家に対して、「レバレッジありきの戦略の提供」を避けるためである。信用取引では過剰にリスクを取ると、想像以上の損失を被る可能性がある。こうした背景から、「信用取引前提での手法の実践には抵抗を感じる方が少なくないのではないか」と考えた次第である。

2つ目の理由は、取引コストに関するものである。信用取引でポジションを建てた場合、基本的には「日歩」と呼ばれる金利が保有日数に応じて発生する。日歩が発生すると、短期売買ルールと長期売買ルールとの間で取引コストに差が発生してしまうためである。そこで、検証対象は現物取引のみとした。

4）対象銘柄

検証対象は東証全市場の個別銘柄とした。一般的な検証では、流動性の低い中小型株が結果に実態以上の結果を与えることを排除するため、検証対象を大型株に絞るケースも見られる。

しかし、今回はあくまでも個人投資家目線での検証を行うため、極端に流動性の低い銘柄以外は、可能な限り、検証対象に含めることにする。

なお、ここでの「極端に流動性の低い銘柄」の定義については、次の最低平均売買代金の項目で解説する。

5）最低平均売買代金

検証対象の最低平均売買代金は「10日間平均で5000万円以上」とした。検証にできるだけ幅広い銘柄を含めるとはいえ、あまりにも流動性が低い銘柄を対象とした場合には、実際の板や歩み値と検証の結果が大きく乖離（かいり）してしまうことにもなりかねない。

そこで、今回は、最低限の流動性として上記のような条件を設定し、極端に流動性の低い銘柄については除外した。

6）検証の時間軸と執行タイミング

検証の時間軸としては「日足」を使用する。各営業日大引け後の始値・終値・高値・安値を使用し、売買ルールに該当するか、判定するものとする。

仕掛け条件に合致した銘柄が存在する場合、仕掛けの優先順位（後述）が高いものから「翌日寄り成行」で買い注文を出す。手仕舞い条件に関しても同様に、各営業日大引け後の値を使用し、手仕舞い条件に合致した場合は「翌日寄り成行」で売り注文を出す。

7）ストップ高・ストップ安銘柄の扱い

仕掛けや手仕舞いの対象となった時点でストップ高・ストップ安となっているものについては、当日の執行が行われなかったものとする。この作業によって、流動的に仕掛けられないような値動きの影響を排除し、実際の運用により近い検証を行うことが可能となる。

8）手数料

手数料は「1往復当たり0.2%」として計算する。ネット証券の台頭により、個人投資家の取引コストは減少傾向をたどっている。現在では、ETFなど一部の商品の取引手数料を無料化しているケースも存在する。

今回はレバレッジを使用しない現物取引を対象としているため、ネット証券現物取引手数料を目安に、1取引当たり0.1％のコストが掛かると推定して、手数料を設定した。

9）購入株数の算出

購入株数は1銘柄当たりの最大許容損失幅を株価の20%とし、総資金に対する1取引当たりのリスク量が最大2％となるように算出した。

トレードにおいては、一般的に「どの株をいつ買うか」というようなことに重点が置かれがちであるが、それ以上に「適切なリスク量として何株まで保有するか」という点のほうが重要だと筆者は考えている。

購入株数の算出にあたっては、総資金に対するパーセンテージでリスク量を定め、それを許容損失幅で割ることで、総資金に対して常に一定のリスクエクスポージャー［ある投資家のポートフォリオのうち、（直接的に関わる）特定のリスクにさらされている資産の割合］を実現することができる。

次ページ上段の例は、株価1000円、総資金200万円、総資金に対するリスク量が2％のときの購入株数算出のプロセスである。

今回の検証では、すべての売買ルールに対して、上記のような算出方法で1銘柄当たりの購入株数を算出する。

購入株数算出の例

$$\frac{2000000\text{(総資金)} \times 0.02\text{(総資金に対するリスク2\%)}}{1000\text{(株価)} \times 0.2\text{(許容損失幅20\%)}}$$

$$= \frac{40000}{200}$$

$$= 200\text{株}$$

10）仕掛けの優先順位

設定期間の短いテクニカル指標を用いた場合など、1日にかなりの数の仕掛け対象銘柄が抽出される場合がある。そのケースでは、特定の条件に従って優先順位をつけるものとする。この作業をすることによって、（多すぎる仕掛け銘柄の中から）一定のロジックを基準に仕掛けるべき銘柄を決定することが可能となる。

今回は仕掛けの優先順位を決めるため、「売買代金が大きい順」という条件を使用する。

11）最大仕掛け銘柄数

ポートフォリオ内に含む最大保有銘柄数は20銘柄とする。最大保有銘柄数を多くしすぎた場合、仕掛けに使用した条件が有効だったのか、たまたまその期間の相場が全体的に有利に動いたのかがわかりにくくなってしまう。そのため、今回の検証では最大保有銘柄数に「20銘柄」という上限を設定して、売買ルールの検証を行う。

12）出来高比率による仕掛け株数制限

これは、仕掛け対象銘柄の流動性を基準にして、注文執行株数に制限を設けるものである。過去データによる検証では「自分の注文が当日の株価形成に影響を与えていなかったか」という点に対して、どんなに注意してもしすぎるということはない。

今回の検証では、注文された株数に対して、執行される株数は「直近3日間における出来高平均の0.5%まで」という制限を設けることにした。このことによって、該当銘柄の流動性を自身の注文で占めてしまうような状況を防ぐ。

●

以上が検証を始めていくにあたって、すべての売買ルールに共通する前提条件である。これらが確認できたところで、以降は売買ルールの運用評価におけるポイントを確認していこう。

～第３節～
運用評価におけるポイント

本節では、第２章＆第３章で紹介している売買ルールの評価項目について、その概要を紹介する。

●

１）概要レポートによる運用評価

検証結果の分析に関してはまず概要レポートを表示して、各項目の数値を確認する。そのため、ここからは売買ルールの運用評価に関する指標について確認していく。

一般的に売買ルールの良し悪しを見る基準としては、検証期間における最終リターン（＝利益率）が挙げられるだろう。

しかし、運用評価においては、その他の特徴（最終リターン以外の特徴）を考慮せず、最終的なリターンのみで手法の良し悪しを決めてしまうことは大変危険である。売買ルールの特徴を決定づける要素は、最終リターン以外にも存在する。

①１回の勝ちトレードにおける利益と、１回の負けトレードにおける損失はどちらが大きいのか？
②勝率はどの程度なのか？

また、それらの要素は、これからその売買ルールを試そうとする投資家に非常に多くの学びを与えてくれる。

こういう要素を気にしながら運用評価を行っていくことで、より良い手法の発見に役立つだけでなく、投資家としての厚みを増していくこともできるだろう。

以下、概要レポートの中の各項目（各要素）について紹介しておく。

①利益率（最終リターン）

運用成果を表す指標として一番シンプルなものが、この利益率（最終リターン）である。この指標は、運用開始から運用終了までの資産の増減率として使われる。プラスの値であれば資産の増加、マイナスの値であれば資産の減少を示す。

②総取引回数

この指標は、検証期間内の取引の総数を表す。売買ルールの検証を統計学的な観点から考えた場合、検証のサンプル数を表すこの指標は、売買ルールの有効性を担保するうえで重要なものとなる。基本的には、最低でも500回を超えていることが望ましい。理想を言えば「1000回以上の取引回数がある」とよいが、保有期間の長いトレード手法によってはここまでの回数を確保できないこともあるので、あくまでも目安として押さえておきたい。

③平均保有期間

この指標は検証期間における取引の平均保有期間を表す。この値が大きいほど1取引当たりの保有期間が長くなる。保有期間の長さは資産の回転率に直結するため、手持ちの資金が少ない投資家は気を配っておいたほうがよい指標になるだろう。

さらには、その手法がデイトレード、スイング、中長期のいずれに属しているのかの目安としても、この指標は役に立つ。

④最大・最小保有期間

平均保有期間に対して、こちらは最大保有期間と最小保有期間を表す。平均はたしかに便利な尺度であるが、一方で外れ値が必ず存在する。その理由から、平均保有期間と併せて最大・最小保有期間を見ることにする。この設定にすることで、保有期間の両端の数字を把握することができる。

⑤勝率

この指標は1回の取引が勝ち取引となる確率を示す値である。この値が高いほど勝ち取引の数が多くなる。したがって、「勝率＝売買ルールが使えるかどうかの判断基準」と考える人も多い。

確かに、勝率の高い売買ルールと言われると、「負けにくい」というイメージにつながるため、精神衛生上、（心が）安定しやすいと言えるだろう。

だが、運用において重要なのは、勝率と併せて「利益と損失の値幅」である。そのため、勝率を見るときには、平均利益や平均損失と併せて判断する必要がある。

基本的には、損切りを早く行い利益を大きく伸ばす順張り手法の場合は勝率が低く、短期的なリバウンドを捉える逆張り手法の場合は勝率が高くなりやすい。

⑥平均利益・平均損失

この指標は“ある売買ルール”において、1回の勝ち取引で期待できる平均利益と、1回の負け取引で想定される平均損失を表す。

⑦利益・損失の標準偏差

平均損益の標準偏差は、統計学においてばらつきを表す指標である「標準偏差」を用いて、トレードの結果として得られる利益と損失が、平均損益からどの程度ばらつく傾向があるかを示す指標である。正規分布のデータを仮定した場合、±1標準偏差内に約68%、±2標準偏差内に約95.4%、±3標準偏差内に約99.7%が収まると言われている。

例えば、1回の勝ちトレードにおける平均利益が7%となる売買ルールがあり、かつ、その標準偏差が1%であったとする。この場合、この売買ルールは平均して7%の利益を出すことを示す。さらには、「利益率が約68%の確率で6～8%の中に、約95.4%の確率で5～9%の中に収まるだろう」ということも大雑把に推測することができる。

売買ルールの検証において、利益や損失のばらつきに関する指標を確認することで、平均損益と合わせて、「その値がどれくらい安定して発生するのか」ということも確認することができる。

⑧ペイオフレシオ

この指標は、以下の計算式で導かれる。勝ちトレードの平均利益と負けトレードの平均損失の大きさの割合を表す。

平均利益 ÷ 平均損失

例えば、利益確定時には平均して10%の利益、損切り時には平均して5%で損失を確定する手法だとすると、以下のような計算になる。

ペイオフレシオ ＝ 10（%）÷5（%）＝ 2（倍）

このケースでは、値が「1」を上回っているので、平均利益のほうが平均損失よりも大きいことを示す。つまり、その手法は損小利大の傾向を持っていることになる。

反対に、この値が「１」を下回っている場合は、平均利益よりも平均損失のほうが大きいことを示す。つまり、その手法は利小損大の傾向を持っていることになる。

⑨期待値

この指標は、１回の取引において期待できる利益（損失）を表す。以下の計算式で導かれる。

（平均利益 × 勝率）＋（平均損失 × 敗率）

この値が正の値であれば、取引するほど資産が増加していく可能性が高く、負の値であれば、取引するほど資産が減少していく可能性が高くなる。

システマティックな運用において、特に重要なのがこの「期待値」という概念である。我々投資家は目の前の取引が損失になるのか、それとも利益になるのか、終わってみるまでわからない（ここでわかってしまうのであったら、そもそも損切りなどというものは必要ない）。

「目の前の１取引に関しては利益になるのか、それとも損失になるのかはわからないが、この運用手法を繰り返していくことで統計的にプラスのリターンが期待できるのか、マイナスのリターンになるのか」を、この期待値で判断するのである。

⑩最終運用資産

最終運用資産は、「運用した結果、初期投資額からいくらまで資産が変動したか」を表す指標である。これは金額ベースで表示される。

⑪プロフィットファクター

この指標は、検証期間中の「総利益 ÷ 総損失」で計算される。総利益額と総損失額の割合から、「運用のリスク量に対してどれほどのリターンを獲得できているか」を測るものである。

計算上、「1」を上回っていればトータルで利益が出ていることになる。リスク対リターンを考えると、一般的には1.5～2倍台であれば優秀だと言われている。

⑫最大ドローダウン

これは「総資産のピーク時から、最大で何％の資産減少が発生したか」を表す指標である。運用を続けていく以上、損切りのトレードが何度も続く連敗期間を避けることは難しい。当然、資産が減少し続ける期間も発生する。

過去のデータにおける最大ドローダウンの値は、「今後、訪れるであろう運用の不調期に、“どれほどの一時的な資産減少”を覚悟すべきか」を想定するときに非常に役に立つ。許容できる最大ドローダウンは投資家のメンタルによって異なるが、筆者の感覚ではドローダウンの値が－30％を下回ってくると、長期的には勝てる手法であっても、そのまま運用を継続することは難しくなるだろうと考えている。

⑬最大ドローダウンからの回復日数

これは、上記で解説した最大ドローダウンが発生したときに、その後の資産推移がそのドローダウンをすべて回復するまでにかかる日数を表している。

⑭最長ドローダウン期間

上記の２種類の指標は定期的に起こるドローダウン（連敗期間）の中でも「最大」のものに焦点を当てたが、この指標は「最長」のものに注目し、その長さを表す。

この期間が長いほど、資産残高がピークを更新しない期間が続く可能性がある。つまり、その売買ルールを運用し続けることに対してストレスを感じやすくなる。

以上のことから、過去の検証期間におけるこの指標の値を知っておくことは、継続的な運用を行うためには重要である。

⑮約定率

約定率とは、売買ルールに合致したシグナルが発生して注文が出されたとき、文字通り、それがどのくらいの確率で約定しているかを表す指標である。

基本的に翌日の寄付成行や引け成行の注文であれば、その日の始値や終値を執行価格として用いるため、約定率はほぼ100%となる。

一方で指値注文を用いるとき、大幅に下落した日の翌日にさらにその下で買おうとした場合に注文の位置まで株価が到達しなければ、注文が執行されないケースが出てくる。このときに約定率は「どの程度、その注文が執行される可能性があるか」を表す重要な要素になる。

例えば、約定率が50%以下の場合などでは、出した注文の半分以上が成立せずに、指値注文を出すための資金がただ拘束されてしまうことになる。このようなケースでは、注文条件の再考を検討したほうがよい場合もある。

２）成績推移グラフ

各種運用評価指標を表形式で示した後に、検証期間における資産残高の推移を表したグラフを表示する。なぜなら、その売買ルールが具体的にどのような資産推移となったかを、単なる数値としてだけでなく、視覚的に理解しやすくするためである。

このように売買ルールによる資産推移を時系列で視覚化することにより、いわゆる「リーマンショック相場」や「アベノミクス相場」「コロナショック」と呼ばれるような値動きが発生したときに、その売買ルールがどのようなパフォーマンスを示すのかを確認することができる。通常時は安定した推移をしていても、市場のボラティリティが高まったタイミングでは、急な資産の変動が起きるケースも少なくない。

成績推移グラフを確認しておくことは、市場のショック時に運用をやめてしまわないようにする点においても重要である。

3）収益率分布

これは、検証した売買ルールの取引データを、実現損益率5％ずつで分解し、その度数を表示したものである。このグラフは売買ルールの収益特性を把握するために、とても重要な役割を果たす。

一般的な運用理論を考えた場合、この収益率分布は以下のような条件を満たしているのが良いとされる。

①正規分布に近い
②中心がプラス側に位置している
③極端な値を取る裾（すそ）の部分がなるべく細くなっている

しかし、売買ルールのコンセプトによっては、正規分布とはかけ離れたり、上下どちらかの裾が太くなっていたりする場合がある。そのような場合、リターンの平均や標準偏差のみで売買ルールを評価してしまうことは大変危険である。

その意味では、売買ルールの評価においては、概要レポートや成績推移グラフだけでなく、取引の収益率分布も確認することが重要となる。

一般的に、価格のトレンドと反対方向にポジションをとる逆張り型の売買ルールは利益確定が早いためマイナスの裾が太くなりやすく、価格のトレンドに沿ってポジションをとる順張り型の売買ルールは含み益を伸ばそうとするため、プラスの裾が太くなりやすい。

4）市場別の取引データ

この項目では取引データを東証１部、東証２部、マザーズ、ジャスダックの４つの市場に分割し、それぞれの期待値等を表示する。

東証１部の流動性上位の多くが成熟した大企業であるのに対して、マザーズなどの新興市場には時価総額が小さく、まだまだ発展途上の企業が多く含まれている。こうした新興銘柄の値動きは東証１部の銘柄の"それ"よりも激しくなる傾向がある。売買ルールの特徴によっては、それが評価指標に影響を与える可能性もあるだろう。

5）曜日別の取引データ（シグナル発生日）

日本市場の取引は毎週の月曜日から金曜日までの５つの曜日で取引が行われている（祝日や休場日を除く）ため、今回は検証において実行された取引を５つの曜日に分割し、それぞれの曜日における期待値等を表示する。

なお、このときの曜日は「仕掛けシグナルが発生したときの曜日」であり、翌日寄付成行の買い注文は表示された翌日の始値で執行されている点に注意してほしい。

株式投資では昔から「金曜日は週末の持ち越しを避ける投資家が多

いので下がりやすい」など、曜日に関連する言葉が数多く存在する。ということは、今回のように、曜日別で売買ルールの期待値を確認すれば、曜日別の値動きの傾向を把握できる可能性がある。

また、こうした曜日別の特徴と売買ルールの特性を合わせて確認することで、以下のような手法と曜日の相性についても傾向が見つかるかもしれない。

◎順張り（逆張り）の手法は１週間のうち、どのタイミングで仕掛けるのがよいのか
◎翌日の寄付ですぐに買ってよい曜日や、悪い曜日はいつか

6）業種別の取引データ

市場区分に比べると、一概に言えるわけではないが、売買ルールによっては業種ごとに期待値の違いが見られる場合がある。

そのため、この項目では東証33業種の区分に従って、取引データを分割し、それぞれの業種ごとに期待値等を表示する。

個人的には、業種ごとの偏りというのは「ITバブル」や「半導体関連相場」といったような、産業の時流によるところが大きいと考えている。

しかし、中にはそうした偶発的なものではなく、景気サイクルなどの普遍的な理由から価格変動に一定の傾向があり、それが売買ルールの成績に影響を与えるものもあるだろう。

売買ルールごとの考察スペースの都合上、集計結果に関しては市場別と曜日別の取引データを中心に触れていく。業種別の取引データについての考察は、興味のある投資家にお任せする。何らかの気づきを得ることができるとしたら幸いである。

以上が、本書で行う売買ルールの検証における、検証条件の確認と運用評価の解説になる。ペイオフレシオやプロフィットファクターなどの言葉はシステムトレードに馴染みのない人間からすると、最初はピンと来ないかもしれないが、検証を重ねていくうちにイメージを掴んでもらえれば幸いである。

それでは、次章から本書のメインコンテンツである「テクニカル指標による売買ルールの検証」を行っていきたいと思う。

第2章

単一のテクニカル指標による検証

〜第１節〜
はじめに

ここからは検証ツールを使用して、テクニカル指標を使用した売買ルールの検証を行っていく。

検証ページの構成としてはまず、その売買ルールにまつわる歴史や手法としてのコンセプトなどを簡単に解説する。

次に、売買ルールを買い条件と売り条件に分け、条件式のような形でそれぞれの条件を記述する。

また、このときに売買ルールの条件を視覚的にイメージしやすいよう、売買ルールの見出しの下に過去のチャートにおける売買シグナルの例を画像で示す。

こうして特定の売買ルールについて一通りの情報を共有した後に、検証期間における運用評価項目と成績推移グラフを表示し、最後にそれについての考察を述べる。売買ルールの検証に関しては、このような構成で進めていくつもりである。

まずは、単一のテクニカル指標を使用したシンプルな売買ルールの検証を行い、それぞれの指標による売買シグナルにどのような特徴があるのかの分析を行うことで、その後に行うテクニカル指標の複合的な売買ルールの検証の基礎を作りたいと思う。

～第２章で登場する売買ルール一覧～

①５日／25日移動平均線クロス

②25日／75日移動平均線クロス

③75日／200日移動平均線クロス

④移動平均線のパーフェクトオーダーによる順張り戦略

⑤一目均衡表を使用した売買ルール

⑥25日ボリンジャーバンド±２σを使用した逆張り戦略

⑦25日移動平均線と株価の乖離率を使用した逆張り戦略

⑧14日RSIを使用した売買ルール

⑨９日RCIを使用した売買ルール

⑩14日スローストキャスティクスを使用した売買ルール

⑪MACDのクロスを使用した売買ルール

⑫14日DMIを使用した売買ルール

⑬加速度0.02のパラボリックSARを使用した順張り戦略

⑭グランビルの第１法則による売買ルール

～第２節～
５日／ 25 日移動平均線のクロス

１） 概要

まずは、おそらく最もポピュラーなテクニカル指標と言える「移動平均線」の売買ルールを見ていこう。

移動平均線を使ったルールはたくさんあるが、その中でも今回は「5日と25日の移動平均線によるゴールデンクロス･デッドクロスの売買ルール」を使用する。この組み合わせは、多くのトレーダーがデフォルトの設定などで目にする移動平均線の組み合わせのうち、最も短期間の組み合わせと言えるだろう。

一般的に１カ月以内の株価変動においては、価格のトレンドよりもランダムな値動きの影響のほうが大きいと言われている。そのため、このような短い期間設定の移動平均線同士では「ダマシ」のシグナルが多くなると予想される。果たして、この期間設定の組み合わせがどのようなパフォーマンスを見せるのか、注目である。

今回はシンプルに買い条件をゴールデンクロス、売り条件をデッドクロスとした。値幅による損切りや利益確定は設定していない。

2）売買ルール（システムトレード的な条件）

①買い条件（仕掛け）

◎１日前の５日移動平均線が１日前の25日移動平均線よりも小さい

◎当日の５日移動平均線が当日の25日移動平均線よりも大きい

②売り条件（決済）

◎１日前の５日移動平均線が１日前の25日移動平均線よりも大きい

◎当日の５日移動平均線が当日の25日移動平均線よりも小さい

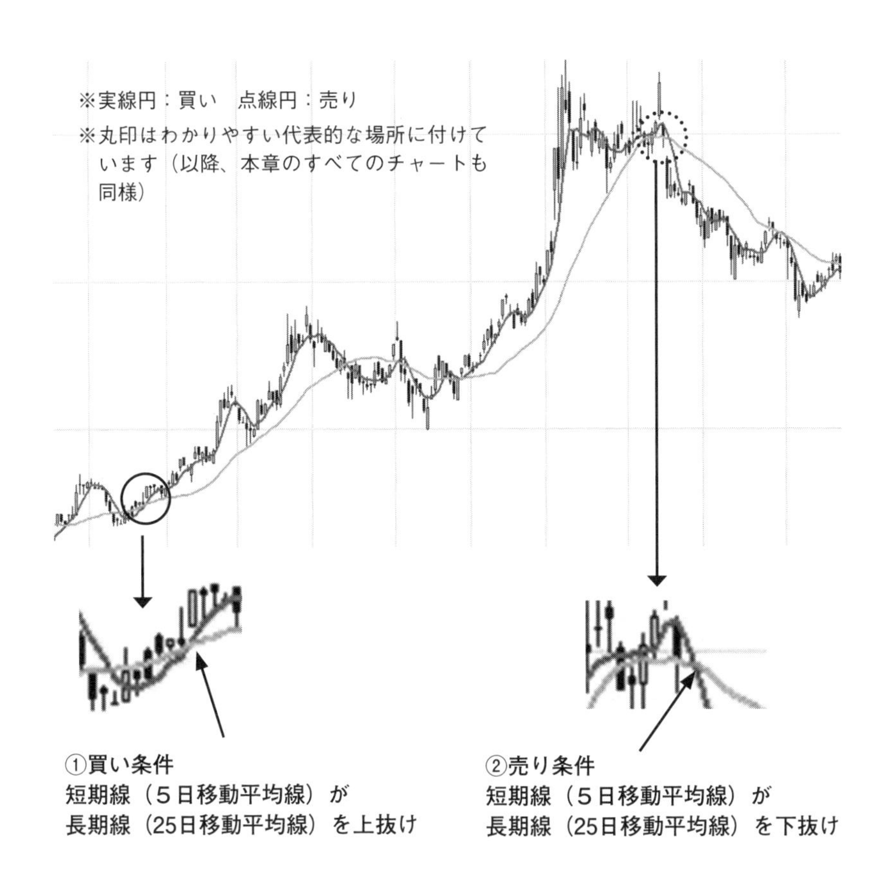

3）検証結果

①概要レポート

総取引回数	3732回	ペイオフレシオ	2.02倍（2.07倍）
平均保有期間	20.19日	期待値	-116円（0.03%）
最大保有期間	182日	最終運用資金（運用金額＋損益）	2562千円
最小保有期間	1日	利益率	-14.57%
勝率	32.72%	プロフィットファクター	0.98倍
平均利益	20200円（15.53%）	最大DD	3081千円（65.44%）
平均損失	9996円（7.51%）	最大DDからの回復日数	1021日
利益の標準偏差	36664円（29.42%）	最長DD期間	1796日
損失の標準偏差	14773円（7.52%）	約定率	99.76%

②成績推移グラフ

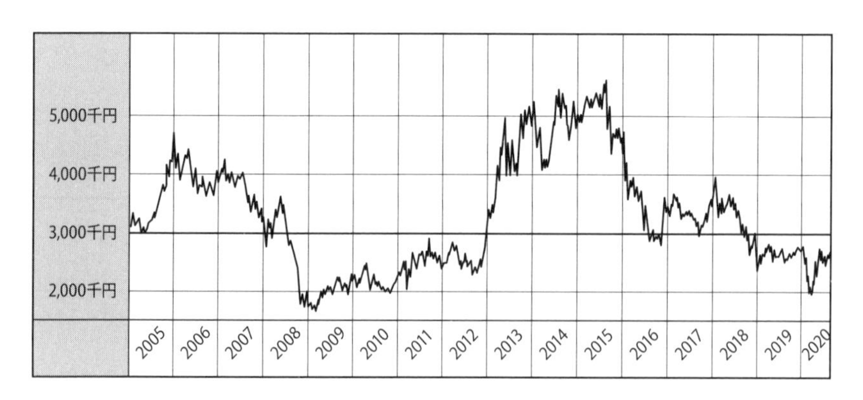

③収益率グラフ

取引ごとの収益率	取引数	比率(%)	取引比率グラフ(グラフ領域の最大:40.0%)
25%以上	191	5.12	
20%以上25%未満	64	1.71	
15%以上20%未満	86	2.30	
10%以上15%未満	146	3.91	
5%以上10%未満	227	6.08	
0%以上5%未満	507	13.59	
−5%以上 0未満	1187	31.81	
−10%以上 −5%未満	726	19.45	
−15%以上 −10%未満	281	7.53	
−20%以上 −15%未満	145	3.89	
−25%以上 −20%未満	74	1.98	
−25%未満	98	2.63	

④市場別取引データ

	取引回数	勝 率	期待値	比 率
東証1部	2954	35.21%	0.92%	79.15%
東証2部	194	21.13%	-5.75%	5.20%
マザーズ	148	29.05%	1.81%	3.97%
JASDAQ	436	22.25%	-4.08%	11.68%

⑤曜日別取引データ

曜 日	取引回数	勝 率	期待値	比 率
月	707	31.97%	-0.09%	18.94%
火	773	33.89%	0.70%	20.71%
水	724	33.43%	0.12%	19.40%
木	770	32.47%	-0.60%	20.63%
金	758	31.79%	0.22%	20.31%

⑥業種別取引データ

	取引回数	勝　率	平均利益	比　率
水産・農林業	13	38.46%	11.69%	0.35%
卸売業	220	37.27%	19.03%	5.89%
非鉄金属	42	35.71%	9.97%	1.13%
鉱業	15	26.67%	14.85%	0.40%
建設業	187	33.69%	16.54%	5.01%
不動産業	170	33.53%	17.54%	4.56%
サービス業	380	30.79%	20.55%	10.18%
機械	141	28.37%	14.48%	3.78%
食料品	108	38.89%	9.46%	2.89%
情報・通信	481	29.11%	14.57%	12.89%
小売業	255	39.22%	17.27%	6.83%
繊維製品	58	24.14%	6.84%	1.55%
化学	160	34.38%	14.98%	4.29%
輸送用機器	121	33.06%	12.25%	3.24%
金属製品	38	31.58%	5.61%	1.02%
パルプ・紙	29	34.48%	6.33%	0.78%
電気機器	329	33.74%	13.36%	8.82%
医薬品	147	40.14%	14.69%	3.94%
精密機器	85	34.12%	15.01%	2.28%
ゴム製品	26	34.62%	11.71%	0.70%
鉄鋼	36	33.33%	12.34%	0.96%
その他製品	61	26.23%	15.25%	1.63%
その他金融業	151	28.48%	29.45%	4.05%
銀行業	159	30.82%	8.40%	4.26%
証券業	83	31.33%	20.23%	2.22%
保険業	19	36.84%	15.37%	0.51%
陸運業	41	34.15%	19.49%	1.10%
海運業	10	60.00%	22.24%	0.27%
空運業	7	0.00%	0.00%	0.19%
電気・ガス業	79	26.58%	10.98%	2.12%
石油・石炭製品	34	20.59%	8.45%	0.91%
倉庫・運輸関連業	11	36.36%	7.30%	0.29%
ガラス・土石製品	36	33.33%	7.01%	0.96%
業種不明	0	0.00%	0.00%	0.00%

4）考察

最終リターン（※利益率のこと。以下、略）は15％ほどのマイナスとなっている。また、勝率が30％程度でペイオフレシオが2倍を超えていることから、この売買ルールは「低い勝率を勝ち取引における利益でカバーする“損小利大”の特性を持っている」ということが見てとれる。これはゴールデンクロスに限らず、価格の動きについていく「順張り型の手法」の多くに見られる特徴である。

資産推移に関しては、2008～2009年の推移や2012年以降の推移から、いわゆる「リーマンショック相場」や「アベノミクス相場」と呼ばれる、市場全体のトレンドの影響を強く受けているであろうと読み取れる。

一般的に相場というのは、市場の値動きが方向性を持たないランダムな期間のほうが、方向性のあるトレンド相場の期間より長いと言われている。今回の期間設定では短期的な値動きに敏感に反応してしまうため、いわゆる「ダマシ」によって成績が悪化したと考えられる。

以上から、この売買ルールに関しては、より長期の期間設定を使用した指標によるトレンドフィルターの追加や、全体の相場環境に関する条件を付け足すことで、成績が改善する可能性があるだろう。

市場別取引データを見ると、マザーズの期待値が高くなっている。これは、おそらくマザーズの銘柄は時価総額・流動性ともに小さく、短期的に大きく上昇することがあるため、今回使用した移動平均線のクロスと相性が良いからだと考えられる。

曜日別取引データを見ると、月曜日と木曜日の期待値がマイナスという結果となった。

〜第3節〜
25日／75日移動平均線のクロス

1）概要

短期目線のトレーダーから中期的な視点を持つ投資家まで、幅広く注目する移動平均線が、この25日と75日の組み合わせだ。

約1カ月と約3カ月という期間でそれぞれ算出されるこれらの移動平均線によるゴールデンクロス・デッドクロスは、5日と25日の組み合わせよりも短期的な値動きの影響を受けることが少ないため、シグナルのダマシを減らすことができると言われている。

そのため、値動きの読みにくい横ばい相場での損失の機会を減らすことができる可能性がある。うまくトレンドに乗ることができれば1回の取引で大きな利益を狙うこともできる。

この組み合わせの検証においても、シンプルにゴールデンクロスで買いを行い、デッドクロスで売りを行う売買ルールとして検証していく。

2）売買ルール（システムトレード的な条件）

①買い条件（仕掛け）

◎1日前の25日移動平均線が1日前の75日移動平均線よりも小さい

◎当日の25日移動平均線が当日の75日移動平均線よりも大きい

②売り条件（決済）

◎1日前の25日移動平均線が1日前の75日移動平均線よりも大きい

◎当日の25日移動平均線が当日の75日移動平均線よりも小さい

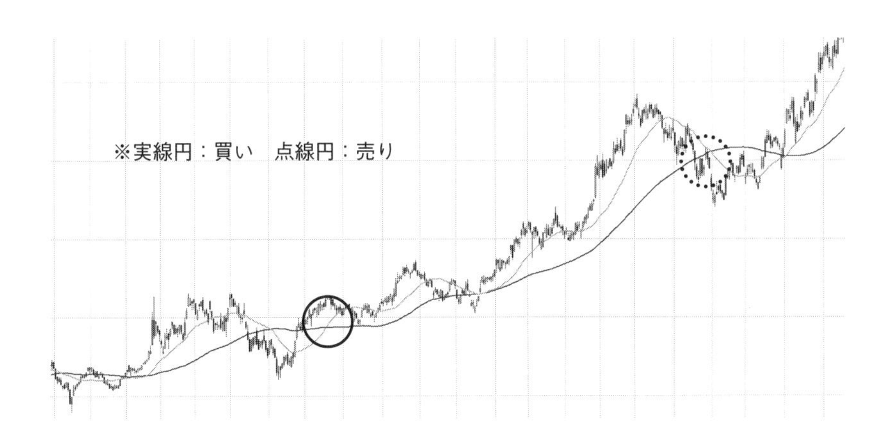

短期線（25日移動平均線）が
長期線（75日移動平均線）を上抜け

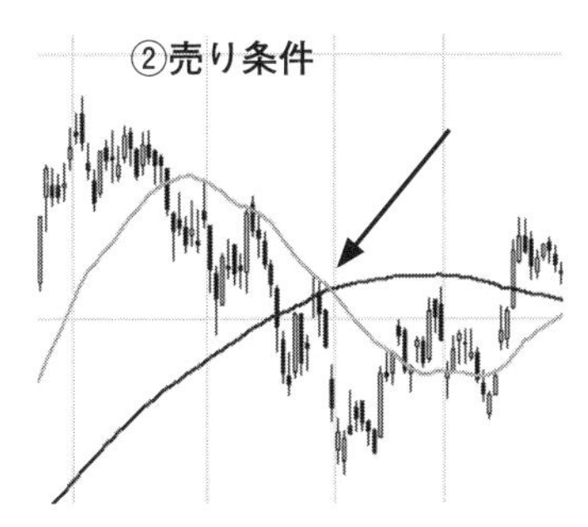

短期線（25日移動平均線）が
長期線（75日移動平均線）を下抜け

3）検証結果

①概要レポート

総取引回数	1184回	ペイオフレシオ	2.30倍（2.47倍）
平均保有期間	63.55日	期待値	2081円（1.93%）
最大保有期間	353日	最終運用資金（運用金額＋損益）	5464千円
最小保有期間	2日	利益率	82.14%
勝率	33.45%	プロフィットファクター	1.16倍
平均利益	46351円（29.66%）	最大DD	4542千円（68.85%）
平均損失	20166円（12.00%）	最大DDからの回復日数	1533日
利益の標準偏差	120468円（61.88%）	最長DD期間	3084日
損失の標準偏差	24476円（10.55%）	約定率	99.66%

②成績推移グラフ

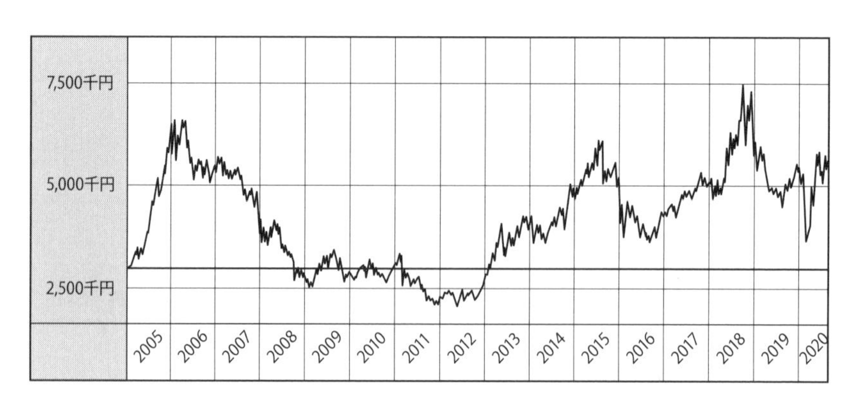

③収益率グラフ

取引ごとの収益率	取引数	比率(%)	取引比率グラフ(グラフ領域の最大:40.0%)
25%以上	118	9.97	
20%以上25%未満	20	1.69	
15%以上20%未満	30	2.53	
10%以上15%未満	59	4.98	
5%以上10%未満	48	4.05	
0%以上5%未満	121	10.22	
−5%以上 0未満	225	19.00	
−10%以上 −5%未満	210	17.74	
−15%以上 −10%未満	129	10.90	
−20%以上 −15%未満	80	6.76	
−25%以上 −20%未満	51	4.31	
−25%未満	93	7.85	

④市場別取引データ

	取引回数	勝 率	期待値	比 率
東証1部	920	37.07%	3.33%	77.70%
東証2部	63	23.81%	1.75%	5.32%
マザーズ	40	20.00%	16.63%	3.38%
JASDAQ	161	19.88%	-9.63%	13.60%

⑤曜日別取引データ

曜 日	取引回数	勝 率	期待値	比 率
月	231	35.50%	0.86%	19.51%
火	224	31.70%	4.90%	18.92%
水	234	32.05%	-1.72%	19.76%
木	250	36.40%	5.82%	21.11%
金	245	31.43%	-0.10%	20.69%

⑥業種別取引データ

	取引回数	勝　率	平均利益	比　率
水産・農林業	5	60.00%	5.57%	0.42%
卸売業	65	41.54%	3.68%	5.49%
非鉄金属	15	26.67%	-5.65%	1.27%
鉱業	7	14.29%	-6.88%	0.59%
建設業	60	33.33%	-3.03%	5.07%
不動産業	40	32.50%	-4.96%	3.38%
サービス業	118	28.81%	-1.04%	9.97%
機械	60	36.67%	4.06%	5.07%
食料品	41	39.02%	-3.84%	3.46%
情報・通信	149	32.89%	1.50%	12.58%
小売業	91	36.26%	17.88%	7.69%
繊維製品	10	50.00%	4.02%	0.84%
化学	71	36.62%	-1.01%	6.00%
輸送用機器	49	30.61%	1.86%	4.14%
金属製品	14	35.71%	-0.06%	1.18%
パルプ・紙	10	30.00%	-1.66%	0.84%
電気機器	100	33.00%	3.73%	8.45%
医薬品	52	32.69%	2.42%	4.39%
精密機器	28	42.86%	11.45%	2.36%
ゴム製品	8	25.00%	-8.38%	0.68%
鉄鋼	5	20.00%	-3.99%	0.42%
その他製品	18	50.00%	10.46%	1.52%
その他金融業	23	43.48%	2.39%	1.94%
銀行業	43	23.26%	-0.49%	3.63%
証券業	20	10.00%	-1.70%	1.69%
保険業	7	14.29%	-3.16%	0.59%
陸運業	17	29.41%	-1.22%	1.44%
海運業	1	0.00%	-13.36%	0.08%
空運業	0	0.00%	0.00%	0.00%
電気・ガス業	33	27.27%	-3.33%	2.79%
石油・石炭製品	7	42.86%	-2.49%	0.59%
倉庫・運輸関連業	4	75.00%	0.21%	0.34%
ガラス・土石製品	13	23.08%	-4.87%	1.10%
業種不明	0	0.00%	0.00%	0.00%

4）考察

最終リターンは82%ほどのプラスとなっている。

期間設定を長くしたことで平均保有期間が延長され、収益率のばらつきは大きくなったものの、1取引当たりの期待値が上昇している。期間設定を変更しても勝率は30%強と大きな変化はないため、この運用成績の改善は1回当たりの勝ち取引における利益額の上昇によってもたらされたと推測できる。

2008～2009年など、5日と25日の組み合わせと比較すると、同じ時期に損失を出しているものの、こちらでは、その期間のドローダウンを相対的に小さく抑えることができている。これは期間設定を長くしたことによって、短期的な株価の変動による「ダマシ」のシグナルで損失を出すことが減少したからだと考えられる。収益率分布もプラスの裾が太くなっているため、この手法では価格のトレンドについていく順張り手法の基本である「損小利大」が実現できている手法だと言えるだろう。

市場別取引データでは、マザーズの期待値が圧倒的である。これは、先ほどの「5日/25日のクロス」でも述べた通り、マザーズの銘柄の「時価総額・流動性ともに小さく、短期的に大きく上昇することがある」という性質が、今回使用した移動平均線のクロスとも相性が良いからだと考えられる。

曜日別取引データを見ると、火曜日と木曜日の期待値が他の曜日と比べて高くなっている。そのため、この売買ルールの仕掛けシグナルを利用するときは、この2つの曜日（火曜日と木曜日）に発生したものに注目するとよいかもしれない。

～第4節～
75日／200日移動平均線のクロス

1）概要

２本の移動平均線による売買ルールの最後は、75日と200日の組み合わせを使用する。これらはそれぞれ３カ月、１年というかなり長期の日数で算出される移動平均線であるため、ファンダメンタルズに重きを置くような長期的な視点の投資家のトレンド分析に使用されることが多い。

これらの期間設定のうち75日は企業の３カ月決算サイクルと、200日は機関投資家が中期のモメンタムを見るときに参考にする年間リターンの算出期間とほぼ同じであるため、今回の移動平均線は企業のイベントや、プロが市況を分析するときに用いる指標の算出サイクルと一致するように設定されている。そのため、先に紹介してきた短期の組み合わせと比べて、期間設定の根拠となる事象や研究が豊富である移動平均線の組み合わせと言えるだろう。

この組み合わせに関しても、同じく２本の移動平均線のゴールデンクロス・デッドクロスを売買シグナルとして使用し、その他の売り条件は設定しない。

2）売買ルール（システムトレード的な条件）

①買い条件（仕掛け）

◎１日前の75日移動平均線が１日前の200日移動平均線よりも小さい

◎当日の75日移動平均線が当日の200日移動平均線よりも大きい

②売り条件（決済）

◎１日前の75日移動平均線が１日前の200日移動平均線よりも大きい

◎当日の75日移動平均線が当日の200日移動平均線よりも小さい

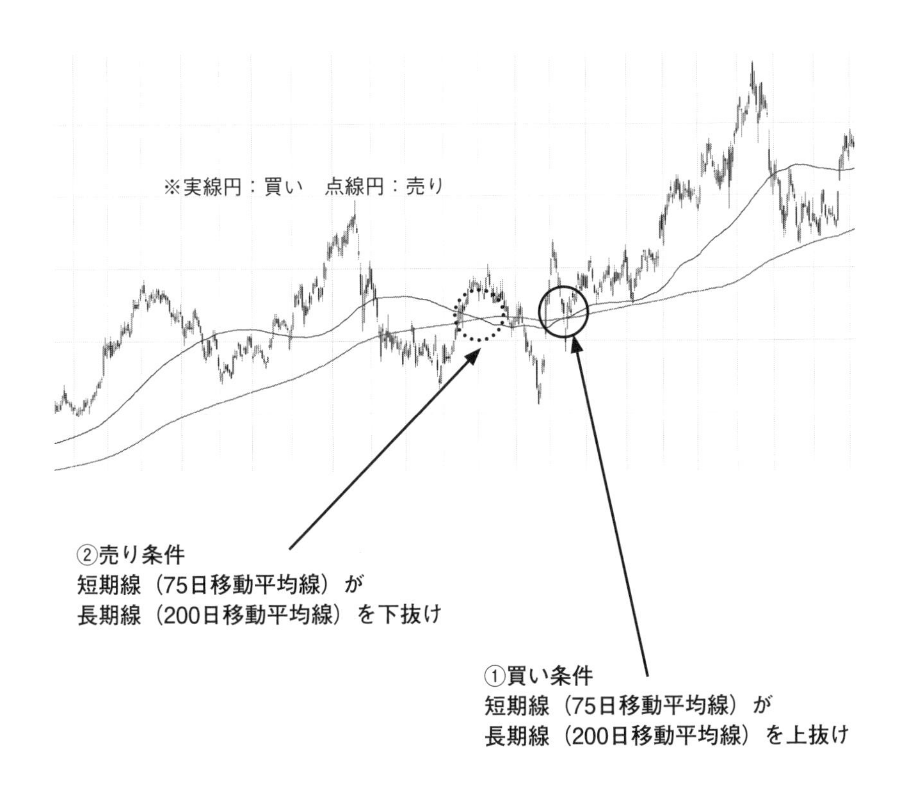

3）検証結果

①概要レポート

総取引回数	453回	ペイオフレシオ	2.73倍（2.95倍）
平均保有期間	163.67日	期待値	9047円（8.05%）
最大保有期間	500日	最終運用資金（運用金額＋損益）	7098千円
最小保有期間	2日	利益率	136.61%
勝率	35.98%	プロフィットファクター	1.53倍
平均利益	72166円（56.24%）	最大DD	3508千円（68.21%）
平均損失	26430円（19.04%）	最大DDからの回復日数	1670日
利益の標準偏差	107305円（77.48%）	最長DD期間	2871日
損失の標準偏差	27759円（15.20%）	約定率	99.34%

②成績推移グラフ

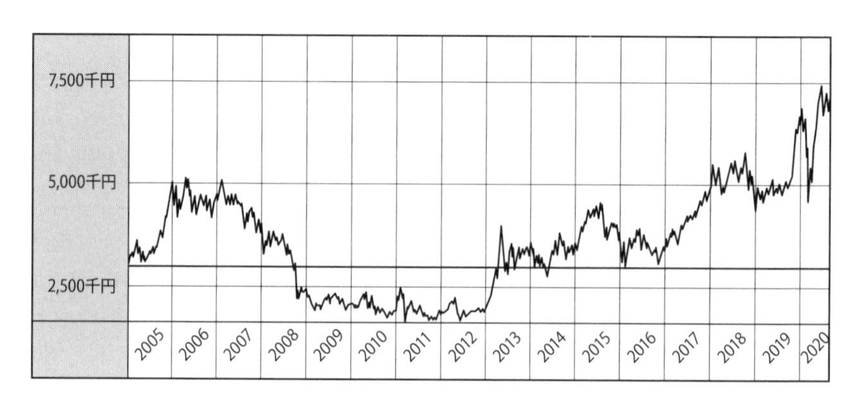

③収益率グラフ

取引ごとの収益率	取引数	比率(%)	取引比率グラフ(グラフ領域の最大:40.0%)
25%以上	86	18.98	
20%以上25%未満	6	1.32	
15%以上20%未満	6	1.32	
10%以上15%未満	13	2.87	
5%以上10%未満	23	5.08	
0%以上5%未満	29	6.40	
−5%以上 0未満	51	11.26	
−10%以上 −5%未満	43	9.49	
−15%以上 −10%未満	42	9.27	
−20%以上 −15%未満	41	9.05	
−25%以上 −20%未満	36	7.95	
−25%未満	77	17.00	

④市場別取引データ

	取引回数	勝　率	期待値	比　率
東証1部	333	39.04%	11.66%	73.51%
東証2部	32	21.88%	-18.38%	7.06%
マザーズ	19	42.11%	20.01%	4.19%
JASDAQ	69	26.09%	-0.42%	15.23%

⑤曜日別取引データ

曜　日	取引回数	勝　率	期待値	比　率
月	83	37.35%	0.47%	18.32%
火	97	38.14%	6.00%	21.41%
水	98	39.80%	13.33%	21.63%
木	91	27.47%	11.23%	20.09%
金	84	36.90%	8.39%	18.54%

⑥業種別取引データ

	取引回数	勝　率	平均利益	比　率
水産・農林業	3	33.33%	-7.14%	0.66%
卸売業	27	29.63%	-14.00%	5.96%
非鉄金属	7	57.14%	25.71%	1.55%
鉱業	1	0.00%	-2.49%	0.22%
建設業	24	16.67%	4.33%	5.30%
不動産業	17	35.29%	7.37%	3.75%
サービス業	52	36.54%	16.14%	11.48%
機械	26	53.85%	22.37%	5.74%
食料品	14	35.71%	5.95%	3.09%
情報・通信	59	23.73%	-8.84%	13.02%
小売業	37	43.24%	16.61%	8.17%
繊維製品	5	0.00%	-8.71%	1.10%
化学	24	54.17%	22.82%	5.30%
輸送用機器	10	20.00%	-13.49%	2.21%
金属製品	8	37.50%	-15.78%	1.77%
パルプ・紙	5	0.00%	-9.64%	1.10%
電気機器	33	27.27%	11.46%	7.28%
医薬品	24	50.00%	12.58%	5.30%
精密機器	8	62.50%	107.25%	1.77%
ゴム製品	4	0.00%	-26.10%	0.88%
鉄鋼	3	33.33%	-8.60%	0.66%
その他製品	7	85.71%	1.85%	1.55%
その他金融業	9	44.44%	13.60%	1.99%
銀行業	6	16.67%	-5.57%	1.32%
証券業	9	44.44%	0.31%	1.99%
保険業	2	0.00%	-5.90%	0.44%
陸運業	7	42.86%	-1.34%	1.55%
海運業	3	0.00%	-12.16%	0.66%
空運業	0	0.00%	0.00%	0.00%
電気・ガス業	7	42.86%	1.29%	1.55%
石油・石炭製品	1	0.00%	-1.88%	0.22%
倉庫・運輸関連業	5	20.00%	-22.42%	1.10%
ガラス・土石製品	6	83.33%	82.73%	1.32%
業種不明	0	0.00%	0.00%	0.00%

4）考察

最終リターンは約136％のプラスとなった。25日と75日よりもさらに期間設定を長くしたことで平均保有期間が延長され、期待値が上昇している。勝率は36％程度と少し上昇したものの、引き続き50％は下回っている。そのため、運用成績の改善は1回当たりの勝ち取引における利益額の上昇によってもたらされたと推測できる。

2008～2009年など、引き続き、他の組み合わせと比較してみると、同じ時期に損失を出す傾向があるものの、25日と75日の組み合わせのときと同じく、その期間のドローダウンをその後の上昇相場でしっかりとカバーできている。

これは、さらに期間設定を長くとったことによって、「ダマシ」のシグナルで損失を出すことが減少したためだと考えられる。収益率分布もプラスの裾が極端に太くなっているため、この手法では、価格のトレンドについていく順張り手法の基本である「損小利大」の特性がさらに顕著になっていると言える。

市場別取引データでは東証1部とマザーズの期待値が高く、中でもマザーズに関しては20％を上回っている。これは25日と75日の組み合わせと同じく、人気化した急騰銘柄によるものであろう。

曜日ごとのデータを見ると、期待値のばらつきが大きくなっていることがわかる。中でも月曜日の期待値が明確に低くなっている。このことを考慮すると、この売買ルールを運用するときには、月曜の翌営業日に寄付で買いを入れることは控えた方が良いのかもしれない。

～第５節～
移動平均線の パーフェクトオーダーによる 順張り戦略

1）概要

移動平均線のクロスを利用する売買ルールとして、３本の移動平均線の位置関係を利用するものも存在する。このタイプの手法では３本の移動平均線のうち、設定期間の短い２本の移動平均線によるクロスを売買シグナルとして利用し、設定期間の最も長い移動平均線についてはトレンドを判定するトレンドフィルターとして使用するのが一般的である。

今回の検証では25日、75日、200日の期間を使用する。売買ルールとしては25日と75日のクロスを売買シグナルとし、仕掛けに関しては短期の２つの移動平均線が200日移動平均線より上に位置しているときにのみ行うことにする。

このように、長期の移動平均線をトレンドフィルターとして用いることで、上昇トレンドの可能性が高いときのみ仕掛けることのできる可能性がある。

2）売買ルール（システムトレード的な条件）

①買い条件（仕掛け）

◎当日の25日移動平均線と当日の75日移動平均線が当日の200日移動平均線より大きい

◎1日前の25日移動平均線が1日前の75日移動平均線よりも小さい

◎当日の25日移動平均線が当日の75日移動平均線よりも大きい

②売り条件（決済）

◎1日前の75日移動平均線が1日前の200日移動平均線よりも大きい

◎当日の75日移動平均線が当日の200日移動平均線よりも小さい

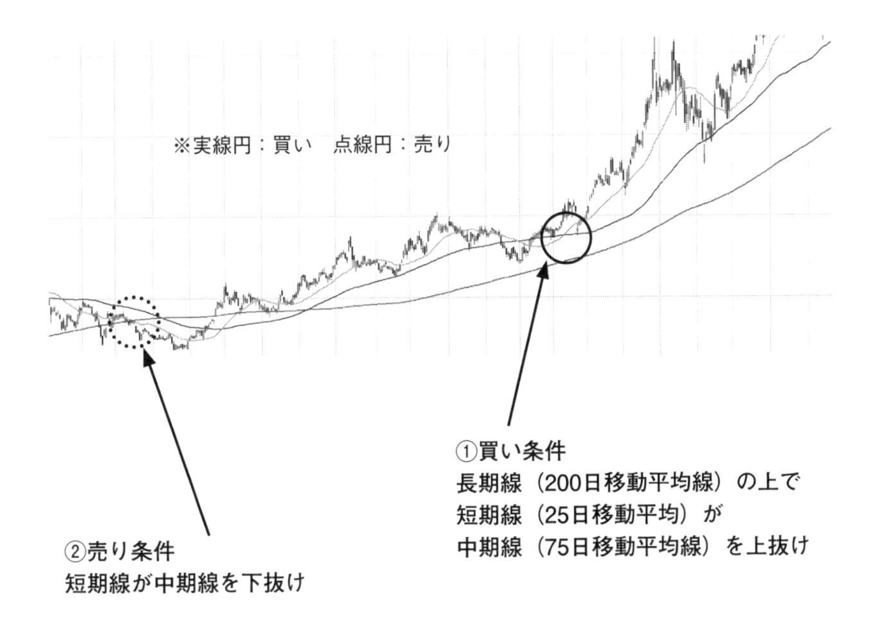

3）検証結果

①概要レポート

総取引回数	1042回	ペイオフレシオ	2.24倍（2.70倍）
平均保有期間	64.09日	期待値	1617円（3.02%）
最大保有期間	341日	最終運用資金（運用金額＋損益）	4685千円
最小保有期間	2日	利益率	56.18%
勝率	33.69%	プロフィットファクター	1.14倍
平均利益	39662円（32.99%）	最大DD	3601千円（74.54%）
平均損失	17707円（12.20%）	最大DDからの回復日数	1307日
利益の標準偏差	93341円（67.03%）	最長DD期間	2871日
損失の標準偏差	19687円（10.05%）	約定率	99.90%

②成績推移グラフ

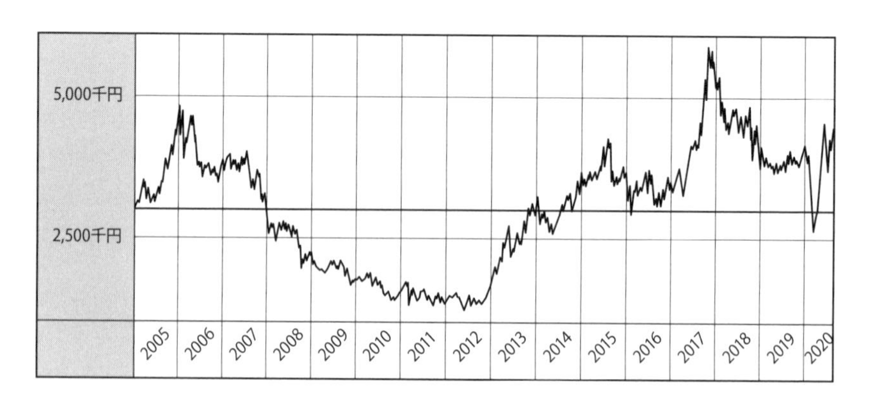

③収益率グラフ

取引ごとの収益率	取引数	比率(%)	取引比率グラフ(グラフ領域の最大:40.0%)
25%以上	116	11.13	
20%以上25%未満	26	2.50	
15%以上20%未満	25	2.40	
10%以上15%未満	36	3.45	
5%以上10%未満	45	4.32	
0%以上5%未満	103	9.88	
−5%以上 0未満	185	17.75	
−10%以上 −5%未満	151	14.49	
−15%以上 −10%未満	147	14.11	
−20%以上 −15%未満	88	8.45	
−25%以上 −20%未満	46	4.41	
−25%未満	74	7.10	

④市場別取引データ

	取引回数	勝 率	期待値	比 率
東証1部	798	35.71%	3.88%	76.58%
東証2部	60	25.00%	-4.54%	5.76%
マザーズ	33	21.21%	12.44%	3.17%
JASDAQ	151	29.14%	-0.61%	14.49%

⑤曜日別取引データ

曜 日	取引回数	勝 率	期待値	比 率
月	203	38.92%	7.25%	19.48%
火	204	29.90%	1.40%	19.58%
水	206	29.61%	0.13%	19.77%
木	219	36.99%	4.85%	21.02%
金	210	32.86%	1.48%	20.15%

⑥業種別取引データ

	取引回数	勝　率	平均利益	比　率
水産・農林業	5	60.00%	5.92%	0.48%
卸売業	67	41.79%	3.57%	6.43%
非鉄金属	8	12.50%	-9.80%	0.77%
鉱業	2	0.00%	-19.29%	0.19%
建設業	71	32.39%	2.18%	6.81%
不動産業	41	29.27%	-4.85%	3.93%
サービス業	115	33.91%	7.80%	11.04%
機械	51	35.29%	-0.67%	4.89%
食料品	27	25.93%	-0.79%	2.59%
情報・通信	149	34.90%	5.42%	14.30%
小売業	93	34.41%	5.78%	8.93%
繊維製品	10	30.00%	-2.26%	0.96%
化学	59	40.68%	2.72%	5.66%
輸送用機器	25	32.00%	13.36%	2.40%
金属製品	14	28.57%	0.14%	1.34%
パルプ・紙	6	33.33%	-4.05%	0.58%
電気機器	88	27.27%	1.76%	8.45%
医薬品	38	28.95%	1.34%	3.65%
精密機器	21	23.81%	8.50%	2.02%
ゴム製品	6	33.33%	-4.11%	0.58%
鉄鋼	5	20.00%	-3.31%	0.48%
その他製品	28	39.29%	5.20%	2.69%
その他金融業	16	31.25%	0.14%	1.54%
銀行業	26	46.15%	9.11%	2.50%
証券業	16	25.00%	-11.67%	1.54%
保険業	2	50.00%	5.02%	0.19%
陸運業	12	33.33%	-4.94%	1.15%
海運業	3	33.33%	1.41%	0.29%
空運業	0	0.00%	0.00%	0.00%
電気・ガス業	18	44.44%	0.84%	1.73%
石油・石炭製品	4	25.00%	-15.04%	0.38%
倉庫・運輸関連業	3	33.33%	-27.69%	0.29%
ガラス・土石製品	13	30.77%	2.59%	1.25%
業種不明	0	0.00%	0.00%	0.00%

4）考察

最終リターンは約56％のプラス、プロフィットファクターは1.14倍となった。25日と75日のシンプルな移動平均線のクロスと比較して指標の値が悪化しているため、200日移動平均線によるフィルターの効果はあまり良い結果にはつながらなかったと言える。200日移動平均線の上で発生するクロスというのは、すでにある程度上昇した銘柄で見られるため、上昇トレンドの可能性が高くなる一方で、初動の部分を逃してしまいやすいというデメリットもある。

今回の結果は、フィルターを追加したことによって除外された取引の中に、リターンを大きく上昇させるトレンドの初動地点での取引が多く含まれていた可能性がある。

収益率分布に関しては25日と75日の組み合わせと同じく、プラスの裾が太くなっている。そのため、この手法も価格のトレンドについていく順張り手法の基本である「損小利大」の特性を持っていると言えるだろう。

市場別取引データではやはりマザーズの期待値が高い。これは単純な25日と75日の組み合わせと同じく、人気化しそうな急騰銘柄によるものであろう。

また、曜日ごとのデータでは、月曜日の期待値が大きい。

～第6節～
一目均衡表を利用した売買ルール

1）概要

現在使用されているテクニカル指標の多くが、テクニカル分析に関する研究が盛んであった米国発祥のものとなっている。

しかし、この「一目均衡表」は、一目山人という日本の投資家が開発した日本発祥のテクニカル指標である。

一目均衡表は時間論･波動論･水準論という３つの理論から成り立っている。これらの理論は、相場において重要だと認識されている価格変動サイクルやリトレースメントをベースにしている。そして、それらに適した期間で算出されたラインを組み合わせることで、効力を発揮すると考えられている。

一目均衡表は多くのラインを持っているが、取引時に意識されやすいのは以下の３つのポイントである。

①転換線が基準線を上抜け（下抜け）

②株価が先行スパンで作られる雲を上抜け（下抜け）

③遅行線が過去の株価を上抜け（下抜け）

今回は新規買いのときには上の条件をすべて使用し、手仕舞いに関しては機動的に行うために①の下抜けのみを使用する。

2）売買ルール（システムトレード的な条件）

①買い条件（仕掛け）

◎1日前時点で転換線が基準線より小さい、または終値が雲の上限より小さい、または26日モメンタムが0より小さい

◎当日の転換線が当日の基準線より大きい

◎当日の終値が当日の雲の上限より大きい

◎当日の26日モメンタムが0より大きい（遅行線上抜け）

②売り条件（決済）

◎1日前の転換線が1日前の基準線より大きい

◎当日の転換線が当日の基準線より小さい

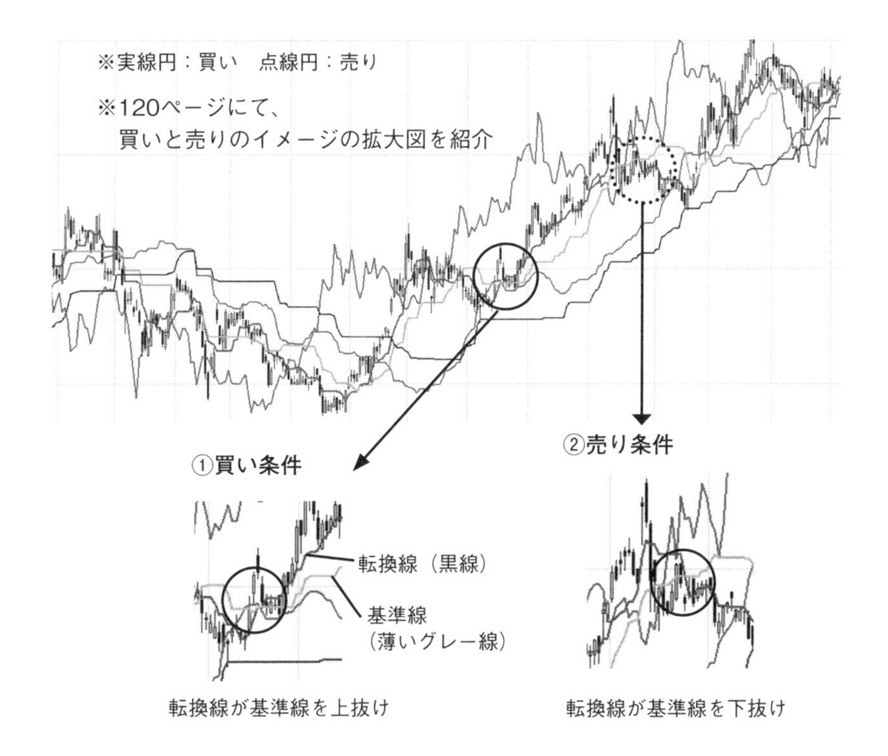

転換線が基準線を上抜け　　転換線が基準線を下抜け

3）検証結果

①概要レポート

総取引回数	1795回	ペイオフレシオ	1.56倍（1.83倍）
平均保有期間	42.47日	期待値	-331円（0.79%）
最大保有期間	500日	最終運用資金（運用金額＋損益）	2404千円
最小保有期間	2日	利益率	-19.85%
勝率	37.99%	プロフィットファクター	0.96倍
平均利益	19963円（19.60%）	最大DD	3713千円（74.86%）
平均損失	12767円（10.73%）	最大DDからの回復日数	1945日
利益の標準偏差	33171円（37.79%）	最長DD期間	3602日
損失の標準偏差	15362円（10.92%）	約定率	99.56%

②成績推移グラフ

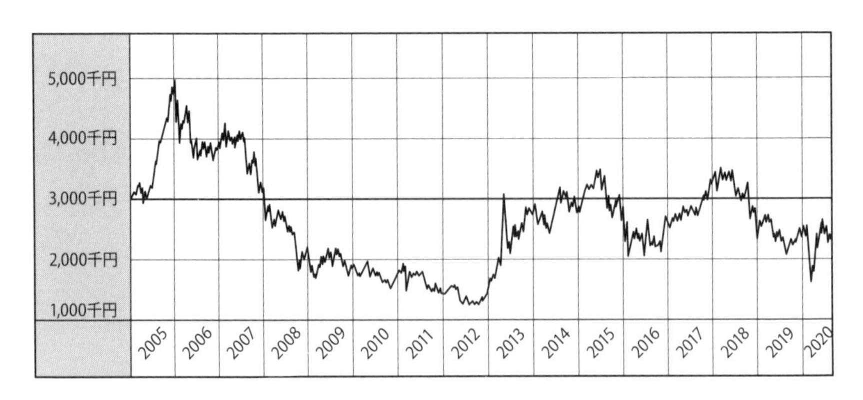

③収益率グラフ

取引ごとの収益率	取引数	比率(%)	取引比率グラフ(グラフ領域の最大:40.0%)
25%以上	**158**	**8.80**	
20%以上25%未満	**31**	**1.73**	
15%以上20%未満	**52**	**2.90**	
10%以上15%未満	**85**	**4.74**	
5%以上10%未満	**124**	**6.91**	
0%以上5%未満	**232**	**12.92**	
−5%以上 0未満	**400**	**22.28**	
−10%以上 −5%未満	**278**	**15.49**	
−15%以上 −10%未満	**188**	**10.47**	
−20%以上 −15%未満	**86**	**4.79**	
−25%以上 −20%未満	**55**	**3.06**	
−25%未満	**106**	**5.91**	

④市場別取引データ

	取引回数	勝 率	期待値	比 率
東証1部	1371	41.21%	1.68%	76.38%
東証2部	105	17.14%	-1.58%	5.85%
マザーズ	80	25.00%	-5.00%	4.46%
JASDAQ	239	33.05%	-1.36%	13.31%

⑤曜日別取引データ

曜 日	取引回数	勝 率	期待値	比 率
月	331	31.72%	1.30%	18.44%
火	384	39.58%	0.12%	21.39%
水	369	36.31%	-0.79%	20.56%
木	375	44.27%	1.65%	20.89%
金	336	37.20%	1.98%	18.72%

⑥業種別取引データ

	取引回数	勝　率	平均利益	比　率
水産・農林業	4	50.00%	-8.16%	0.22%
卸売業	96	30.21%	-1.68%	5.35%
非鉄金属	15	20.00%	-13.79%	0.84%
鉱業	6	16.67%	-7.06%	0.33%
建設業	115	36.52%	0.01%	6.41%
不動産業	54	31.48%	-7.42%	3.01%
サービス業	216	37.96%	0.45%	12.03%
機械	89	46.07%	5.01%	4.96%
食料品	35	40.00%	0.88%	1.95%
情報・通信	249	35.74%	-1.03%	13.87%
小売業	129	38.76%	3.47%	7.19%
繊維製品	22	27.27%	-6.06%	1.23%
化学	93	44.09%	1.79%	5.18%
輸送用機器	55	40.00%	2.60%	3.06%
金属製品	18	50.00%	2.96%	1.00%
パルプ・紙	15	46.67%	-3.79%	0.84%
電気機器	173	39.88%	2.44%	9.64%
医薬品	77	46.75%	8.83%	4.29%
精密機器	39	38.46%	2.39%	2.17%
ゴム製品	10	50.00%	0.36%	0.56%
鉄鋼	21	19.05%	-5.17%	1.17%
その他製品	33	27.27%	2.13%	1.84%
その他金融業	36	27.78%	-0.42%	2.01%
銀行業	55	29.09%	-2.06%	3.06%
証券業	51	45.10%	4.71%	2.84%
保険業	3	66.67%	1.86%	0.17%
陸運業	12	41.67%	-0.81%	0.67%
海運業	2	50.00%	-10.73%	0.11%
空運業	3	100.00%	26.40%	0.17%
電気・ガス業	31	45.16%	4.30%	1.73%
石油・石炭製品	11	36.36%	-5.41%	0.61%
倉庫・運輸関連業	1	0.00%	-76.12%	0.06%
ガラス・土石製品	26	42.31%	0.06%	1.45%
業種不明	0	0.00%	0.00%	0.00%

4）考察

最終リターンは約20％のマイナスとなった。勝率が40％程度と移動平均線のクロスに比べて高くなっているが、プロフィットファクターや最終リターンも合わせて比較すると、先に検証した移動平均線に対して良い売買ルールとは言えないだろう。

成績推移グラフの形状としてはリターンに差があるものの、全体の形は25日と75日の移動平均線のクロスに似ており、2008～2012年や、2020年のコロナショック時に特徴的な動きをする点はトレンド系指標共通のポイントと考えられる。

同じトレンド系なので、収益率分布に関しては移動平均線のクロスによる売買ルールと同じく、プラス側の裾が太くなっている。そのため、一目均衡表を使用した売買ルールも、順張り型の手法の特徴である「損小利大」の特性を持っていると言える。

市場別取引データを見てみると、移動平均線のときと異なり、東証１部以外の期待値がマイナスとなっている。順張り型の手法である以上、人気化による新興系急騰株の存在は有利に働きそうだが、この売買ルールでは逆の結果となっている。

また、曜日ごとのデータでは、水曜日の期待値のみマイナスという結果になっている。

～第7節～
25日ボリンジャーバンド±2σを使用した逆張り戦略

1）概要

トレンド系指標の中でも、移動平均線と並んで投資家に人気があるのが、この「ボリンジャーバンド」であろう。

この指標は中心に一定期間の移動平均線をとり、その上下に移動平均線と同じ期間で計算された株価の標準偏差（σ）のラインを並べて表示させた、バンドタイプの指標である。

一般的な証券会社のツールなどでは、±１～３標準偏差までのラインが表示され、そのラインのブレイクを順張りや逆張りのシグナルをもって利用する。

今回は期間設定として25日を使用する。そして、ボリンジャーバンドのラインの中でも特に一般的な±２σのラインを使用し、－２σを下回ったポイントで買い、＋２σを上回ったポイントで売るという「逆張り型の売買ルール」を検証する。

2）売買ルール（システムトレード的な条件）

①買い条件（仕掛け）

◎1日前の終値が1日前の25日ボリンジャーバンドの－2σより大きい

◎当日の終値が当日の25日ボリンジャーバンドの－2σより小さい

②売り条件（決済）

◎1日前の終値が1日前の25日ボリンジャーバンドの＋2σより小さい

◎当日の終値が当日の25日ボリンジャーバンドの＋2σより大きい

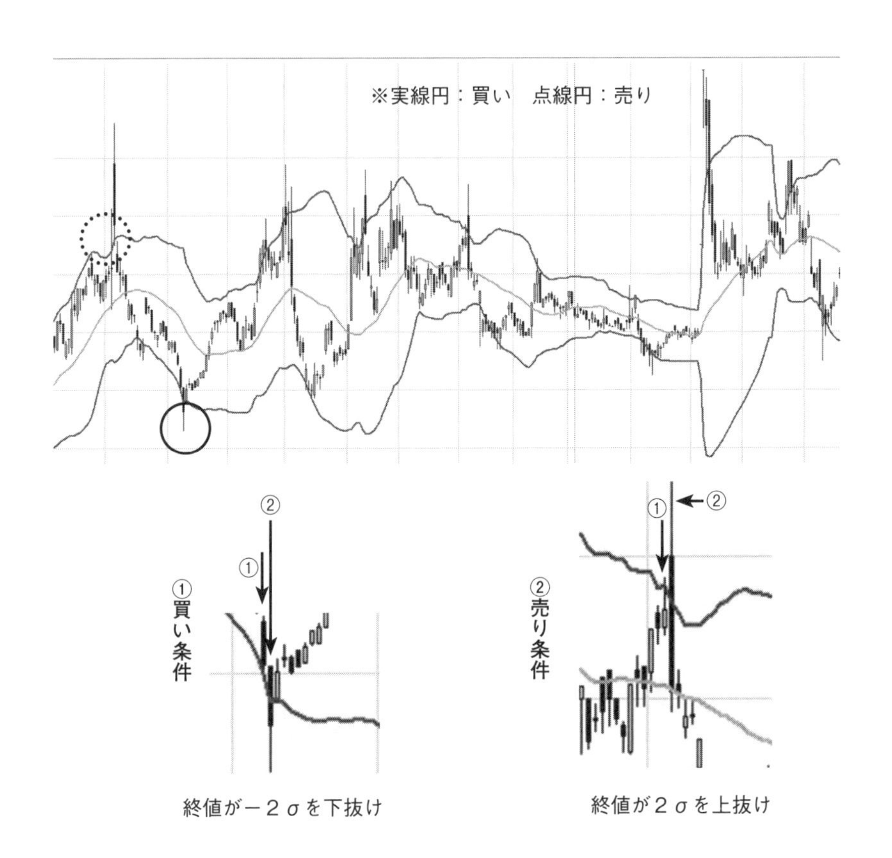

3）検証結果

①概要レポート

総取引回数	1619回	ペイオフレシオ	0.71倍（0.67倍）
平均保有期間	46.04日	期待値	1243円（0.55%）
最大保有期間	274日	最終運用資金（運用金額＋損益）	5013千円
最小保有期間	1日	利益率	67.12%
勝率	62.01%	プロフィットファクター	1.15倍
平均利益	15161円（9.67%）	最大DD	2414千円（57.83%）
平均損失	21476円（14.34%）	最大DDからの回復日数	668日
利益の標準偏差	19120円（8.89%）	最長DD期間	2271日
損失の標準偏差	29584円（16.04%）	約定率	99.94%

②成績推移グラフ

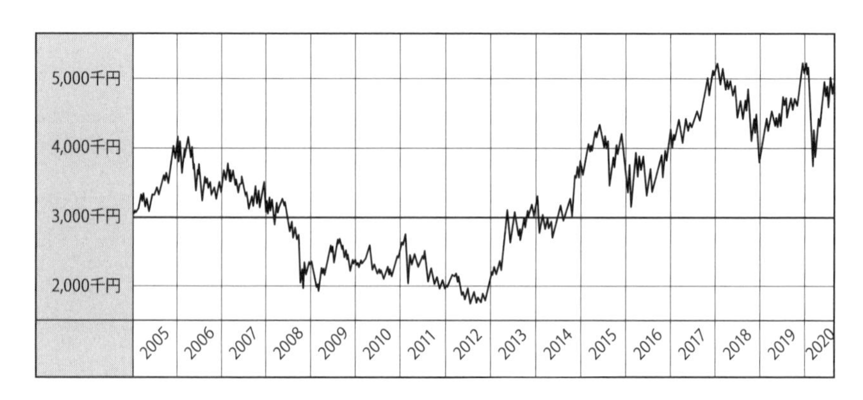

③収益率グラフ

取引ごとの収益率	取引数	比率(%)	取引比率グラフ(グラフ領域の最大:40.0%)
25%以上	57	3.52	
20%以上25%未満	37	2.29	
15%以上20%未満	90	5.56	
10%以上15%未満	175	10.81	
5%以上10%未満	321	19.83	
0%以上5%未満	324	20.01	
−5%以上 0未満	201	12.42	
−10%以上 −5%未満	134	8.28	
−15%以上 −10%未満	77	4.76	
−20%以上 −15%未満	54	3.34	
−25%以上 −20%未満	42	2.59	
−25%未満	107	6.61	

④市場別取引データ

	取引回数	勝 率	期待値	比 率
東証1部	1375	64.00%	1.44%	84.93%
東証2部	63	53.97%	-0.57%	3.89%
マザーズ	42	57.14%	-1.31%	2.59%
JASDAQ	139	47.48%	-7.22%	8.59%

⑤曜日別取引データ

曜 日	取引回数	勝 率	期待値	比 率
月	330	64.85%	1.71%	20.38%
火	317	63.72%	0.92%	19.58%
水	303	61.39%	-0.16%	18.72%
木	330	60.00%	-0.54%	20.38%
金	339	60.18%	0.89%	20.94%

⑥業種別取引データ

	取引回数	勝　率	平均利益	比　率
水産・農林業	6	66.67%	-1.92%	0.37%
卸売業	71	61.97%	0.76%	4.39%
非鉄金属	14	57.14%	-4.21%	0.86%
鉱業	9	33.33%	-7.48%	0.56%
建設業	77	61.04%	-0.64%	4.76%
不動産業	76	51.32%	-2.56%	4.69%
サービス業	184	69.57%	1.57%	11.37%
機械	55	50.91%	-0.40%	3.40%
食料品	48	60.42%	1.00%	2.96%
情報・通信	217	69.12%	3.74%	13.40%
小売業	180	63.33%	0.99%	11.12%
繊維製品	36	50.00%	1.87%	2.22%
化学	75	64.00%	0.43%	4.63%
輸送用機器	54	64.81%	0.78%	3.34%
金属製品	16	50.00%	-2.66%	0.99%
パルプ・紙	13	61.54%	0.48%	0.80%
電気機器	135	67.41%	2.71%	8.34%
医薬品	62	70.97%	1.28%	3.83%
精密機器	33	60.61%	-2.32%	2.04%
ゴム製品	8	62.50%	-4.52%	0.49%
鉄鋼	14	57.14%	2.73%	0.86%
その他製品	40	57.50%	-0.13%	2.47%
その他金融業	28	35.71%	-9.05%	1.73%
銀行業	40	52.50%	-1.60%	2.47%
証券業	25	44.00%	-4.65%	1.54%
保険業	4	75.00%	4.69%	0.25%
陸運業	16	68.75%	1.52%	0.99%
海運業	4	25.00%	-8.58%	0.25%
空運業	10	40.00%	-18.76%	0.62%
電気・ガス業	43	62.79%	0.90%	2.66%
石油・石炭製品	12	50.00%	-0.22%	0.74%
倉庫・運輸関連業	4	25.00%	-8.53%	0.25%
ガラス・土石製品	10	70.00%	4.78%	0.62%
業種不明	0	0.00%	0.00%	0.00%

4）考察

最終リターンは約67％のプラスとなった。プロフィットファクターは1.15倍と、「パーフェクトオーダー（54ページ）」の値と大体同じくらいとなっている。

ここで注目してほしいのが「勝率」と「ペイオフレシオ」である。今までは30～40％程度が多かったが、この売買ルールでは約62％と、半分以上が勝ちトレードという結果となった。

ペイオフレシオについては「1」を下回っているため、1回の勝ち取引における利益よりも、1回の負け取引における損失のほうが大きいということになる。これは、今までの順張り型の手法では見られなかった特徴である。

収益率分布に関しては、移動平均線のクロスによる売買ルールなどとは異なり、端の部分がある程度あるものの、多くの取引は0～+10％の部分に集中している。こうした傾向は勝率が高く、小さな利益を積み重ねるタイプの逆張り型の手法によく見られる。

市場別取引データを見てみると、東証1部で期待値がプラスとなっいる。一方でJASDAQの期待値が低い。急騰株の多いマザーズに対して極端なプラスが見られることもあった移動平均線のクロスなどと比べると、これは注目すべき違いである。

曜日ごとのデータでは、月曜日の期待値が大きくなっている。

～第8節～
25日移動平均線と株価の乖離率を使用した逆張り戦略

1）概要

移動平均線乖離率とは、「一定の期間で算出された移動平均線と現在の株価が何％離れているか」を表す指標である。短期間で買われすぎ・売られすぎの領域まで過熱した株価は、長い目で見ると、移動平均線の値に収束する値動きをする傾向がある。そのため、特定の移動平均線と株価の乖離率は「逆張りの売買ポイントを探るために使用されること」が多い。

この指標は単純な指標ながら歴史があり、多くの投資家に使用されてきた。有名なトレーダーの中では「ジェイコム男」として知られているBNF氏も、25日移動平均線と株価の乖離率を見ながら逆張りの取引を行い、大きなリターンを上げていたと言われている。

そこで、今回の検証でも、25日移動平均線と株価の乖離率を使用し、乖離率が「－20」を割ったところで買いを行い、株価が25日移動平均線まで戻ったところで売りを行う逆張りの手法について、そのリターンを分析していく。

2）売買ルール（システムトレード的な条件）

①買い条件（仕掛け）

◎1日前の25日移動平均線乖離率が－20より大きい

◎当日の25日移動平均線乖離率が－20より小さい

②売り条件（決済）

◎1日前の25日移動平均線乖離率が0より小さい

◎当日の25日移動平均線乖離率が0より大きい

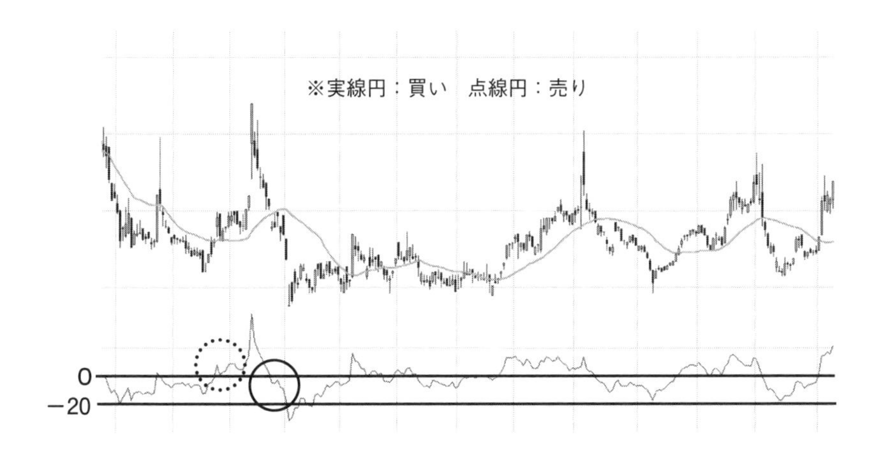

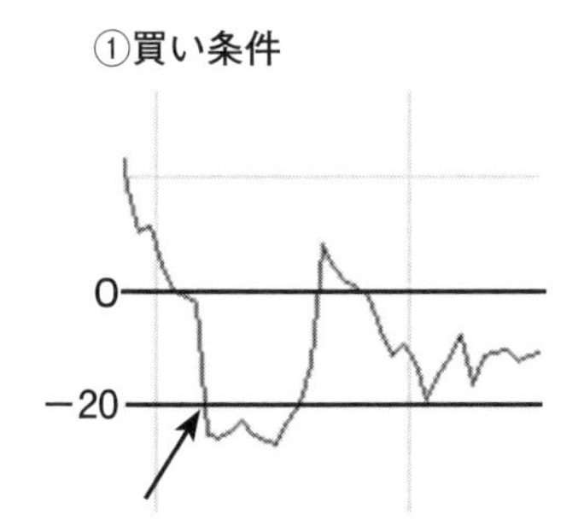

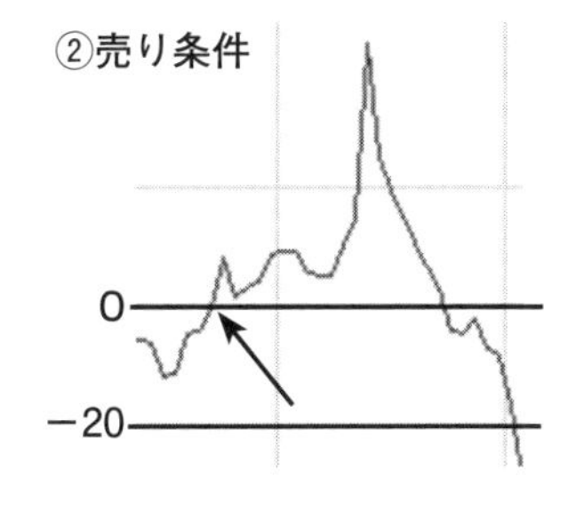

乖離率が「－20」の水準を下抜け　　乖離率が「0」の水準を上抜け

3）検証結果

①概要レポート

総取引回数	1281回	ペイオフレシオ	0.74倍（0.82倍）
平均保有期間	25.41日	期待値	-1685円（-0.82%）
最大保有期間	124日	最終運用資金（運用金額＋損益）	840千円
最小保有期間	1日	利益率	-71.98%
勝率	52.54%	プロフィットファクター	0.82倍
平均利益	14592円（16.41%）	最大DD	4310千円（92.49%）
平均損失	19703円（19.90%）	最大DDからの回復日数	2335日
利益の標準偏差	19161円（13.67%）	最長DD期間	3599日
損失の標準偏差	31639円（21.34%）	約定率	99.61%

②成績推移グラフ

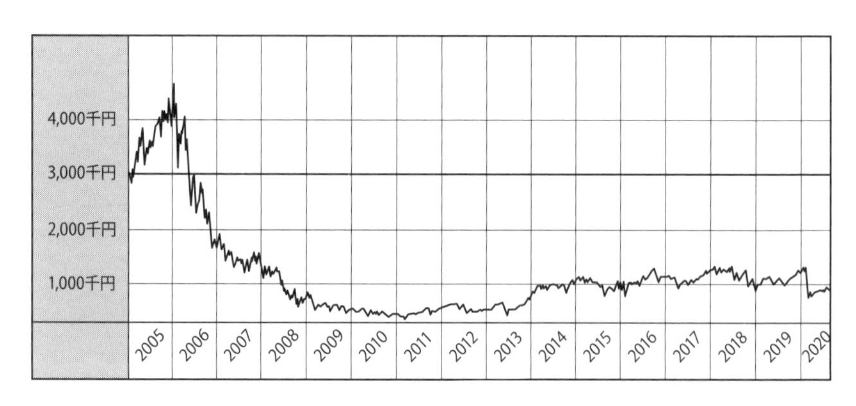

③収益率グラフ

取引ごとの収益率	取引数	比率（%）	取引比率グラフ（グラフ領域の最大：40.0%）
25%以上	142	11.09	
20%以上25%未満	69	5.39	
15%以上20%未満	88	6.87	
10%以上15%未満	112	8.74	
5%以上10%未満	136	10.62	
0%以上5%未満	126	9.84	
−5%以上 0未満	150	11.71	
−10%以上 −5%未満	99	7.73	
−15%以上 −10%未満	85	6.64	
−20%以上 −15%未満	62	4.84	
−25%以上 −20%未満	46	3.59	
−25%未満	166	12.96	

④市場別取引データ

	取引回数	勝　率	期待値	比　率
東証1部	501	52.69%	-1.24%	39.11%
東証2部	187	48.13%	-1.99%	14.60%
マザーズ	152	53.95%	0.57%	11.87%
JASDAQ	441	53.74%	-0.34%	34.43%

⑤曜日別取引データ

曜　日	取引回数	勝　率	期待値	比　率
月	283	55.83%	0.96%	22.09%
火	254	48.03%	-1.92%	19.83%
水	252	53.57%	-1.37%	19.67%
木	241	53.11%	-1.63%	18.81%
金	251	51.79%	-0.40%	19.59%

⑥業種別取引データ

	取引回数	勝　率	平均利益	比　率
水産・農林業	0	0.00%	0.00%	0.00%
卸売業	79	54.43%	-0.16%	6.17%
非鉄金属	14	35.71%	1.71%	1.09%
鉱業	6	50.00%	-5.40%	0.47%
建設業	51	54.90%	1.40%	3.98%
不動産業	115	49.57%	-4.57%	8.98%
サービス業	219	49.32%	-1.54%	17.10%
機械	37	56.76%	2.90%	2.89%
食料品	9	66.67%	-1.45%	0.70%
情報・通信	262	56.87%	1.83%	20.45%
小売業	96	50.00%	-1.66%	7.49%
繊維製品	13	38.46%	-11.78%	1.01%
化学	28	50.00%	-1.29%	2.19%
輸送用機器	25	64.00%	0.41%	1.95%
金属製品	7	71.43%	5.05%	0.55%
パルプ・紙	2	50.00%	8.65%	0.16%
電気機器	112	57.14%	0.52%	8.74%
医薬品	37	56.76%	1.50%	2.89%
精密機器	28	42.86%	-3.73%	2.19%
ゴム製品	2	0.00%	-22.71%	0.16%
鉄鋼	6	33.33%	-5.89%	0.47%
その他製品	22	54.55%	8.09%	1.72%
その他金融業	50	46.00%	-9.00%	3.90%
銀行業	3	0.00%	-3.72%	0.23%
証券業	23	56.52%	0.24%	1.80%
保険業	4	25.00%	-10.08%	0.31%
陸運業	2	0.00%	-2.52%	0.16%
海運業	1	0.00%	-50.20%	0.08%
空運業	4	25.00%	-29.20%	0.31%
電気・ガス業	13	69.23%	7.48%	1.01%
石油・石炭製品	1	0.00%	-10.02%	0.08%
倉庫・運輸関連業	3	33.33%	-28.19%	0.23%
ガラス・土石製品	7	71.43%	4.19%	0.55%
業種不明	0	0.00%	0.00%	0.00%

4）考察

最終リターンは約72%のマイナスと、運用資産をかなり失ってしまうような結果となった。勝率は50%程度のため、勝ちトレード数と負けトレード数の比率は同じくらいだと考えられる。だが、ペイオフレシオが「1」以下である。この点がネックになっていると考えられる。

収益率分布に関しては、プラスとマイナスの端の部分が突出するような形状が見られている。今回の売買ルールではマイナス乖離で仕掛けを行った後、25日移動平均線と株価が接触するまで手仕舞いを行わない設定となっている。そのため、買ったポイントからうまく25日移動平均線に向かって反発した場合は短期間に大きなリターンを上げられる可能性があるが、その後もしばらく下落トレンドが続いた場合には大きなマイナスとなっていると考えられる。実際の運用で使えるような売買ルールにするためには、手仕舞いの条件の再検討が必要になるかもしれない。

市場別取引データを見てみると、マザーズ市場のみ期待値が少しプラスとなっているが、その他の市場ではマイナスの結果となっている。

曜日別のデータでは、月曜日のみ期待値がプラスとなっており、他はマイナスになっている。

～第9節～
14日RSIを使用した売買ルール

1）概要

RSIはJ･W･ワイルダーによって考案されたテクニカル指標である。この指標は、一定期間の値上がり幅の平均を一定期間の値動きの幅すべての平均で割り、100を掛けることで計算される。このため、RSIは「一定期間の価格変動のうち、上昇変動が占める割合を表す指標」と言える。RSIは割合の指標であるため、値は0%～100%の間を振り子のように推移する。

このように、一定の幅で振れる性質を持つテクニカル指標を「オシレーター系テクニカル指標」と呼ぶ。一般的には、ローソク足チャートの下にサブチャートとして表示して使用する。

オシレーター系のテクニカル指標の多くは、相場の過熱感を計るために用いられる。指標が高値圏にあるときには売り、安値圏にあるときには買いといったように、逆張りの売買シグナルとして使用されることが多い。

今回はRSIの算出期間としてワイルダーが用いていた14日を使用。RSIが「25」を下回ったポイントで買いポジションをとり、RSIが「75」を上回ったポイントで売るという逆張りの売買ルールを検証する。

2）売買ルール（システムトレード的な条件）

①買い条件（仕掛け）

◎1日前の14日RSIが25より大きい

◎当日の14日RSIが25より小さい

②売り条件（決済）

◎1日前の14日RSIが75より小さい

◎当日の14日RSIが75より大きい

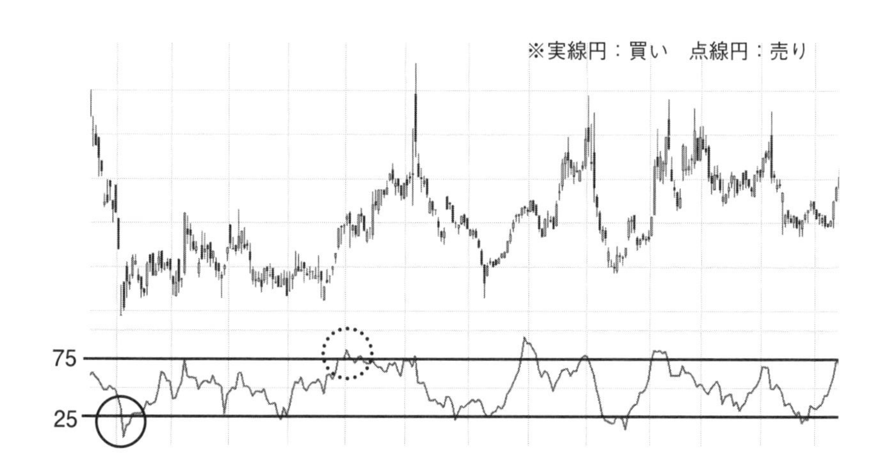

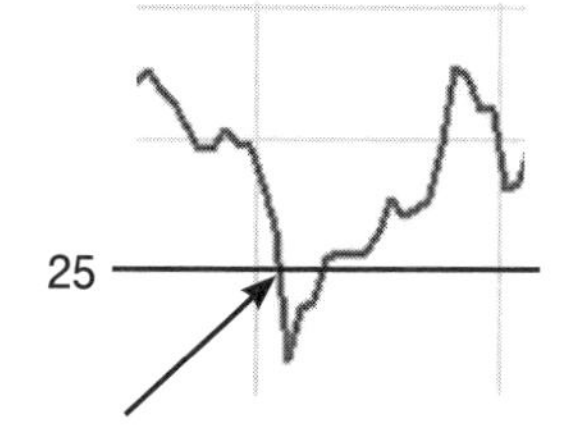

RSIが「25」のラインを下抜け

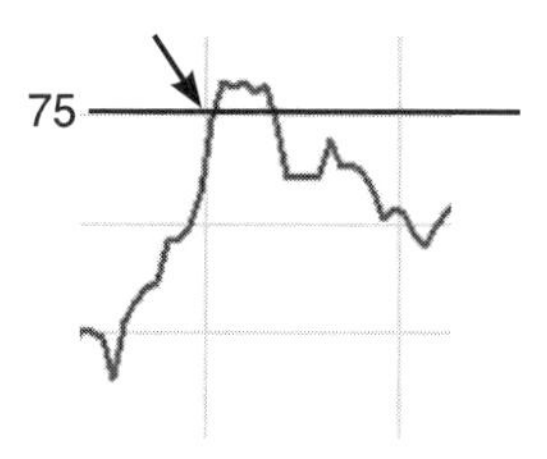

RSIが「75」のラインを上抜け

3）検証結果

①概要レポート

総取引回数	1000回	ペイオフレシオ	0.67倍（0.75倍）
平均保有期間	70.81日	期待値	-1027円（-0.12%）
最大保有期間	500日	最終運用資金（運用金額＋損益）	1972千円
最小保有期間	4日	利益率	-34.26%
勝率	56.80%	プロフィットファクター	0.87倍
平均利益	12641円（14.70%）	最大DD	3104千円（77.70%）
平均損失	19000円（19.60%）	最大DDからの回復日数	1999日
利益の標準偏差	15574円（15.82%）	最長DD期間	3602日
損失の標準偏差	28819円（19.19%）	約定率	99.70%

②成績推移グラフ

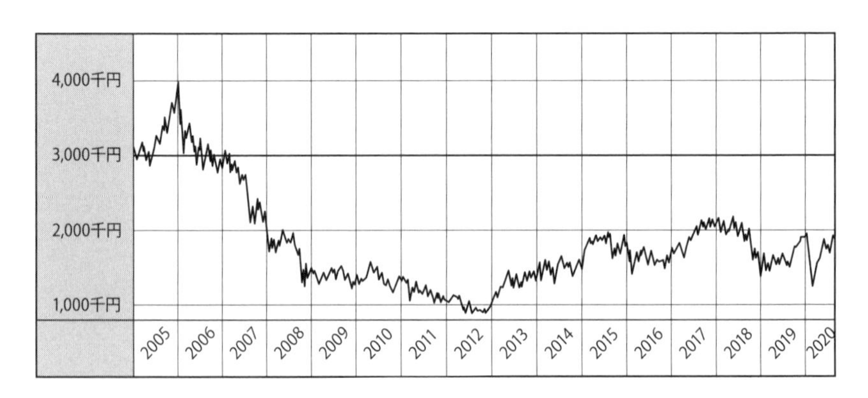

③収益率グラフ

取引ごとの収益率	取引数	比率（%）	取引比率グラフ（グラフ領域の最大：40.0%）
25%以上	94	9.40	
20%以上25%未満	34	3.40	
15%以上20%未満	57	5.70	
10%以上15%未満	94	9.40	
5%以上10%未満	151	15.10	
0%以上5%未満	138	13.80	
−5%以上 0未満	98	9.80	
−10%以上 −5%未満	76	7.60	
−15%以上 −10%未満	60	6.00	
−20%以上 −15%未満	39	3.90	
−25%以上 −20%未満	37	3.70	
−25%未満	122	12.20	

④市場別取引データ

	取引回数	勝　率	期待値	比　率
東証1部	691	59.04%	0.30%	69.10%
東証2部	61	49.18%	-6.49%	6.10%
マザーズ	48	54.17%	0.39%	4.80%
JASDAQ	200	52.00%	0.25%	20.00%

⑤曜日別取引データ

曜　日	取引回数	勝　率	期待値	比　率
月	190	59.47%	0.17%	19.00%
火	178	58.43%	0.08%	17.80%
水	198	61.11%	1.65%	19.80%
木	198	51.52%	-1.06%	19.80%
金	236	54.24%	-1.14%	23.60%

⑥業種別取引データ

	取引回数	勝　率	平均利益	比　率
水産・農林業	3	100.00%	7.04%	0.30%
卸売業	51	56.86%	3.89%	5.10%
非鉄金属	13	38.46%	-14.27%	1.30%
鉱業	9	44.44%	-13.39%	0.90%
建設業	52	53.85%	-1.61%	5.20%
不動産業	56	42.86%	-4.76%	5.60%
サービス業	136	58.09%	-2.43%	13.60%
機械	35	57.14%	-2.10%	3.50%
食料品	24	66.67%	1.66%	2.40%
情報・通信	155	60.65%	4.57%	15.50%
小売業	100	56.00%	-3.97%	10.00%
繊維製品	12	58.33%	13.43%	1.20%
化学	36	58.33%	1.24%	3.60%
輸送用機器	28	60.71%	-2.20%	2.80%
金属製品	6	50.00%	-10.04%	0.60%
パルプ・紙	7	57.14%	1.24%	0.70%
電気機器	80	55.00%	0.23%	8.00%
医薬品	34	70.59%	5.96%	3.40%
精密機器	12	50.00%	-0.98%	1.20%
ゴム製品	2	50.00%	-0.05%	0.20%
鉄鋼	6	66.67%	12.10%	0.60%
その他製品	22	45.45%	-3.16%	2.20%
その他金融業	25	60.00%	-0.67%	2.50%
銀行業	18	55.56%	-1.38%	1.80%
証券業	23	43.48%	-1.16%	2.30%
保険業	7	42.86%	-7.07%	0.70%
陸運業	4	50.00%	5.40%	0.40%
海運業	2	50.00%	5.82%	0.20%
空運業	2	100.00%	5.93%	0.20%
電気・ガス業	18	72.22%	6.38%	1.80%
石油・石炭製品	7	57.14%	0.88%	0.70%
倉庫・運輸関連業	4	0.00%	-29.87%	0.40%
ガラス・土石製品	10	90.00%	15.02%	1.00%
業種不明	1	0.00%	-10.65%	0.10%

4）考察

最終リターンは約35％のマイナスという結果となった。勝率は57％程度と移動平均線乖離率の逆張りよりは上昇したものの、引き続きペイオフレシオは「1」以下となっている。

収益率分布に関しては、プラス域の割合が移動平均線乖離率よりも増加しているが、引き続き－25％未満の大きな負のリターンの部分が大きくなっている。

オシレーター系のテクニカル指標の特徴として、一定の幅の中で株価の買われすぎ・売られすぎを判定するときには効果を発揮するが、売買シグナルに中長期的な株価のトレンドを取り入れることができないという弱点が存在する。そのため、株価が短期的な売られすぎ領域からさらに売られるような下落トレンドが発生したときに、大きな損失を出してしまっているのだと考えられる。

また、2012年以降の買いに有利だとされる期間のリターンも、移動平均線などのトレンド系指標と比較すると低くなっている。

市場別取引データを見てみると、東証２部が大きなマイナスの期待値となっている。これは、東証２部の銘柄は時価総額や流動性が低いため、売り込まれたときにすぐに反発期待の買いが入りにくいためだと予想される。

曜日別のデータでは、木曜日と金曜日の期待値が目立ったマイナスの値となっている。

～第 10 節～
9日 RCI を使用した売買ルール

1）概要

RCI は「スピアマンの順位相関係数」と呼ばれる、時間と価格の相関から買われすぎ・売られすぎを測るオシレーター系のテクニカル指標である。RCI は相関係数であるため、－ 100 ～＋ 100（－ 1 ～＋ 1）の間で推移する。

RCI は時間系列と価格系列の相関係数であるため、指標の値が大きいほど正の相関（時間が前に進むほど株価が上昇）があり、値が小さいほど負の相関（時間が前に進むほど株価が下落）があると判断することができる。時間と株価がきれいな相関関係になることは稀であるため、RCI が一定の閾値よりも高いときには売りシグナル、低いときには買いシグナルと判断するのが一般的である。

RCI の期間設定に関しては明確な基準があるわけではない。一般的には 9 日、26 日、52 日などの期間設定が使用されることが多い。そこで今回は、RCI の期間設定として最も短期的な 9 日を使用し、－ 80 以下で買い、＋ 80 以上で売る短期的な逆張りの売買ルールを検証する。

2）売買ルール（システムトレード的な条件）

①買い条件（仕掛け）

◎1日前の9日RCIが－80より大きい

◎当日の9日RCIが－80より小さい

②売り条件（決済）

◎1日前の9日RCIが80より小さい

◎当日の9日RCIが80より大きい

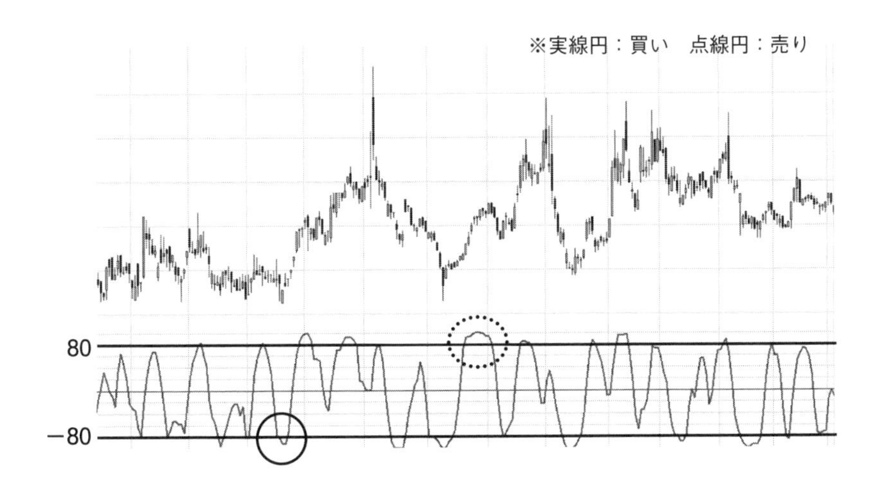

①買い条件

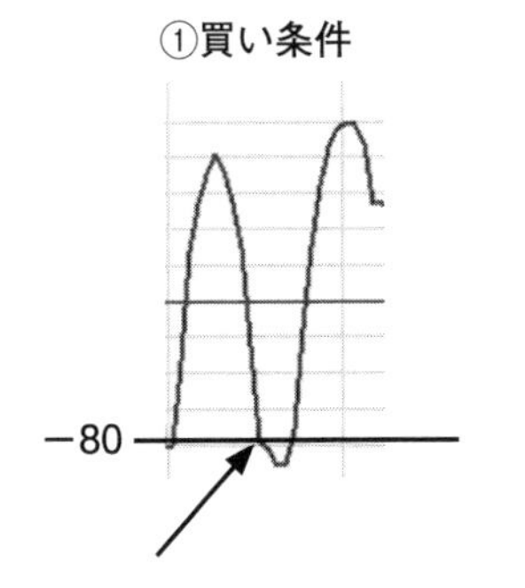

RCIが「−80」のラインを下抜け

②売り条件

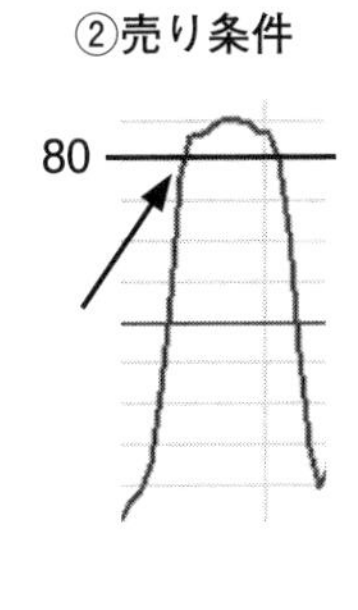

RCIが「80」のラインを上抜け

3）検証結果

①概要レポート

総取引回数	2292回	ペイオフレシオ	0.61倍（0.71倍）
平均保有期間	29.31日	期待値	-973円（-0.61%）
最大保有期間	204日	最終運用資金（運用金額＋損益）	769千円
最小保有期間	1日	利益率	-74.36%
勝率	56.02%	プロフィットファクター	0.78倍
平均利益	6256円（10.74%）	最大DD	3631千円（89.42%）
平均損失	10183円（15.07%）	最大DDからの回復日数	1969日
利益の標準偏差	8706円（15.37%）	最長DD期間	3604日
損失の標準偏差	18920円（16.55%）	約定率	99.87%

②成績推移グラフ

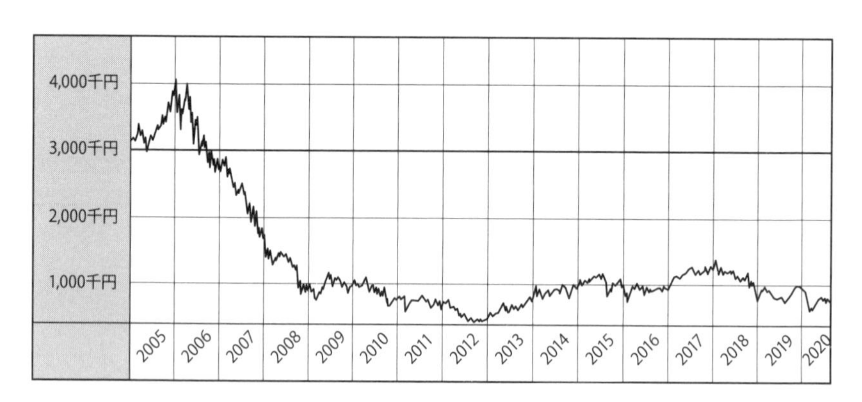

③収益率グラフ

取引ごとの収益率	取引数	比率(%)	取引比率グラフ(グラフ領域の最大:40.0%)
25%以上	118	5.15	
20%以上25%未満	58	2.53	
15%以上20%未満	63	2.75	
10%以上15%未満	175	7.64	
5%以上10%未満	334	14.57	
0%以上5%未満	536	23.39	
−5%以上 0未満	315	13.74	
−10%以上 −5%未満	188	8.20	
−15%以上 −10%未満	156	6.81	
−20%以上 −15%未満	102	4.45	
−25%以上 −20%未満	62	2.71	
−25%未満	185	8.07	

④市場別取引データ

	取引回数	勝 率	期待値	比 率
東証1部	1446	59.61%	0.11%	63.09%
東証2部	221	47.51%	-1.00%	9.64%
マザーズ	130	55.38%	-0.61%	5.67%
JASDAQ	495	49.49%	-2.55%	21.60%

⑤曜日別取引データ

曜 日	取引回数	勝 率	期待値	比 率
月	401	53.37%	-1.81%	17.50%
火	478	53.35%	-0.33%	20.86%
水	439	58.54%	0.21%	19.15%
木	479	58.25%	-0.21%	20.90%
金	495	56.36%	-0.97%	21.60%

⑥業種別取引データ

	取引回数	勝　率	平均利益	比　率
水産・農林業	9	55.56%	1.46%	0.39%
卸売業	134	56.72%	-0.27%	5.85%
非鉄金属	24	41.67%	-5.37%	1.05%
鉱業	12	16.67%	-8.47%	0.52%
建設業	113	52.21%	-3.46%	4.93%
不動産業	177	53.67%	-0.54%	7.72%
サービス業	293	59.73%	0.58%	12.78%
機械	83	68.67%	5.13%	3.62%
食料品	39	64.10%	-3.34%	1.70%
情報・通信	357	53.50%	-1.50%	15.58%
小売業	190	49.47%	-0.59%	8.29%
繊維製品	41	53.66%	-4.17%	1.79%
化学	82	51.22%	-2.52%	3.58%
輸送用機器	45	71.11%	1.11%	1.96%
金属製品	18	61.11%	-1.15%	0.79%
パルプ・紙	22	54.55%	-1.96%	0.96%
電気機器	166	60.84%	-0.09%	7.24%
医薬品	82	57.32%	0.29%	3.58%
精密機器	42	73.81%	2.41%	1.83%
ゴム製品	7	57.14%	-4.14%	0.31%
鉄鋼	13	61.54%	3.19%	0.57%
その他製品	34	61.76%	-0.31%	1.48%
その他金融業	100	55.00%	2.01%	4.36%
銀行業	67	55.22%	-2.37%	2.92%
証券業	55	49.09%	0.17%	2.40%
保険業	4	25.00%	-3.21%	0.17%
陸運業	10	40.00%	-1.72%	0.44%
海運業	5	40.00%	-2.87%	0.22%
空運業	3	33.33%	-19.96%	0.13%
電気・ガス業	19	52.63%	-1.29%	0.83%
石油・石炭製品	20	70.00%	2.23%	0.87%
倉庫・運輸関連業	6	16.67%	-28.35%	0.26%
ガラス・土石製品	20	60.00%	0.07%	0.87%
業種不明	0	0.00%	0.00%	0.00%

4）考察

最終リターンは約74%のマイナスという結果となった。勝率やペイオフレシオも他のオシレーター系指標と同程度である。

注目すべきは「総取引回数」と「平均保有期間」だ。総取引回数はRSIの2倍以上、平均保有期間は1/2以下となっている。これは、指標の期間設定がRSIよりも短いことに加え、（RCIは）RSIよりも指標の感応度が高い傾向があるため、売買シグナルの数が増加したのであろう。

また、こうした1取引回数の増加やそれに伴う期待値の減少は、手数料などの取引コストの影響を大きく受けた結果とも考えられる。

RSIと比較したときのリターンの悪化には、そういう要素も考える必要がある。

収益率分布に関しては、RSIよりは中心に寄った形となっているが、これは、取引期間が短くなったために極端なリターンが発生する割合が減少したからだろう。それでも引き続き－20%を下回るリターンが目立つため、この売買ルールも14日RSIを使用した場合と同種の課題を抱えていることがわかる。

市場別取引データを見てみると、東証1部以外の各市場では明確にマイナスの期待値となっている。

また、曜日別のデータでは、水曜日の期待値のみわずかなプラスとなっている。

～第 11 節～
14 日スローストキャスティクスを使用した売買ルール

1）概要

ストキャスティクスは米国のジョージ・レインによって開発されたオシレーター系テクニカル指標である。この指標は「一定期間の高値を 100、安値を 0 としたときに、現在の株価がどの水準にあるか」を表すものである。

ストキャスティクスには、以下の 3 本のラインがある。

◎現在の一定期間の株価水準を表す %K
◎ %K を 3 期間で平滑化した %D
◎ %D の 3 期間平均である Slow%D

この 3 本のラインのうち、%K と %D の組み合わせを「ファストストキャスティクス」、%D と Slow%D の組み合わせを「スローストキャスティクス」と呼ぶ。

ストキャスティクスはオシレーター系指標であるため、指標が安値圏（高値圏）にあるときの逆張りの売買シグナルとして使用されることが多い。

今回は 2 種類のストキャスティクスの中でも「スローストキャスティクス 」を使用し、期間設定は 14 日で検証を行う。

2）売買ルール（システムトレード的な条件）

①買い条件（仕掛け）

◎1日前の14日ストキャスティクス%Dが1日前のストキャスティクスSlow%Dより小さい

◎当日の14日ストキャスティクス%Dが当日のストキャスティクスSlow%Dより大きい

◎当日のストキャスティクス%Dと当日のストキャスティクスSlow% Dが25より小さい

②売り条件（決済）

◎1日前の14日ストキャスティクス%Dが1日前のストキャスティクスSlow%Dより大きい

◎当日の14日ストキャスティクス%Dが当日のストキャスティクスSlow%Dより小さい

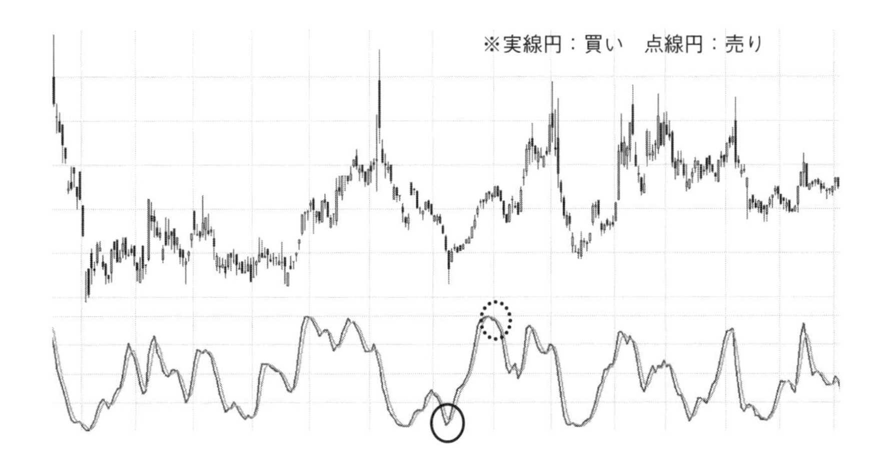

※121ページにて、買いと売りのイメージの拡大図を紹介

3）検証結果

①概要レポート

総取引回数	13912回	ペイオフレシオ	1.04倍（1.09倍）
平均保有期間	2.47日	期待値	-197円（-0.22%）
最大保有期間	18日	最終運用資金（運用金額＋損益）	247千円
最小保有期間	1日	利益率	-91.76%
勝率	44.36%	プロフィットファクター	0.83倍
平均利益	2162円（3.25%）	最大DD	3028千円（93.17%）
平均損失	2079円（2.98%）	最大DDからの回復日数	133日
利益の標準偏差	4825円（11.67%）	最長DD期間	3586日
損失の標準偏差	4398円（4.76%）	約定率	99.86%

②成績推移グラフ

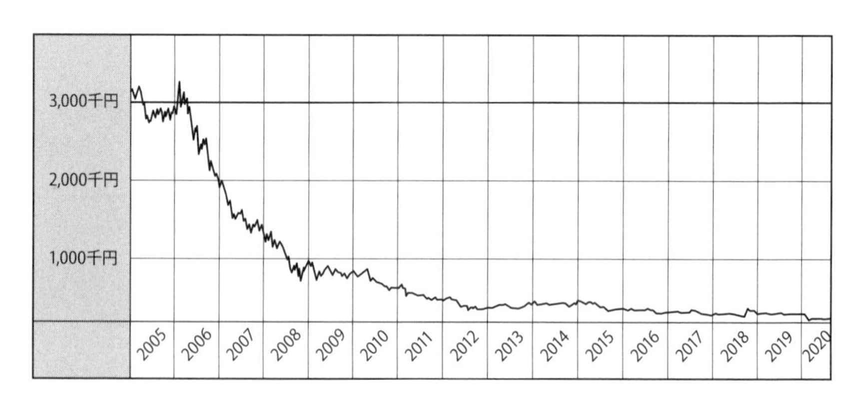

③収益率グラフ

取引ごとの収益率	取引数	比率(%)	取引比率グラフ(グラフ領域の最大:40.0%)
25%以上	49	0.35	
20%以上25%未満	29	0.21	
15%以上20%未満	72	0.52	
10%以上15%未満	163	1.17	
5%以上10%未満	705	5.07	
0%以上5%未満	5153	37.04	
−5%以上 0未満	6517	46.84	
−10%以上 −5%未満	851	6.12	
−15%以上 −10%未満	222	1.60	
−20%以上 −15%未満	65	0.47	
−25%以上 −20%未満	25	0.18	
−25%未満	61	0.44	

④市場別取引データ

	取引回数	勝　率	期待値	比　率
東証1部	9635	46.31%	-0.18%	69.26%
東証2部	1265	37.47%	0.29%	9.09%
マザーズ	653	42.11%	-0.65%	4.69%
JASDAQ	2359	40.70%	-0.54%	16.96%

⑤曜日別取引データ

曜　日	取引回数	勝　率	期待値	比　率
月	2555	45.01%	-0.09%	18.37%
火	2901	43.92%	-0.15%	20.85%
水	2887	43.30%	-0.47%	20.75%
木	2810	45.05%	-0.27%	20.20%
金	2759	44.62%	0.02%	19.83%

⑥業種別取引データ

	取引回数	勝　率	平均利益	比　率
水産・農林業	81	45.68%	-0.22%	0.58%
卸売業	823	42.53%	-0.43%	5.92%
非鉄金属	116	43.97%	-0.41%	0.83%
鉱業	59	45.76%	-1.23%	0.42%
建設業	738	45.93%	-0.32%	5.30%
不動産業	937	39.38%	-0.65%	6.74%
サービス業	1584	43.62%	0.14%	11.39%
機械	443	46.95%	-0.12%	3.18%
食料品	214	39.25%	0.35%	1.54%
情報・通信	1909	44.16%	-0.19%	13.72%
小売業	1042	42.71%	-0.39%	7.49%
繊維製品	187	43.85%	-0.14%	1.34%
化学	549	46.45%	-0.23%	3.95%
輸送用機器	358	46.93%	0.15%	2.57%
金属製品	126	42.06%	-0.09%	0.91%
パルプ・紙	121	47.93%	0.06%	0.87%
電気機器	1083	44.51%	-0.31%	7.78%
医薬品	521	48.75%	-0.04%	3.74%
精密機器	232	48.71%	-0.01%	1.67%
ゴム製品	76	44.74%	-0.86%	0.55%
鉄鋼	112	52.68%	0.23%	0.81%
その他製品	231	45.02%	0.27%	1.66%
その他金融業	687	44.83%	-0.19%	4.94%
銀行業	527	49.72%	-0.09%	3.79%
証券業	557	42.91%	-0.49%	4.00%
保険業	23	43.48%	-0.38%	0.17%
陸運業	79	49.37%	0.33%	0.57%
海運業	25	40.00%	-0.22%	0.18%
空運業	28	46.43%	-0.68%	0.20%
電気・ガス業	120	45.00%	-0.32%	0.86%
石油・石炭製品	135	36.30%	-0.83%	0.97%
倉庫・運輸関連業	38	34.21%	-2.38%	0.27%
ガラス・土石製品	147	45.58%	-0.04%	1.06%
業種不明	4	25.00%	-0.21%	0.03%

4）考察

最終リターンは約92％のマイナスと、運用資産をほぼ失ってしまう結果となった。勝率は約44％、ペイオフレシオは1.04倍と、これまでのオシレーター系の指標と比べてみても大きな偏りは見られないが、総取引回数については13912回と極端に多くなっている。

全体相場の上昇・下落によらず、一貫してマイナスとなっている。マイナスとなった主な原因は、手数料コストや高頻度の小さい負けトレードである可能性が高い。この売買ルールを実戦で使えるようにするためには、仕掛け条件にトレンドフィルターを追加したり、指標の設定期間を長くしたりするなど、売買ルール自体を改良する必要がありそうだ。

収益率分布に関しては、－５～５％の部分に集中している。これは、保有期間が短くなったことを理由に、極端なリターンの発生する割合がさらに減少したからだろう。

また、オシレーター系指標は、トレンド系指標よりも「短期的な値動き」に対する感応度が高い。そのため、オシレーター系指標のクロスによる売買は、いわゆる「ダマシ」のシグナルによって小さい損失の取引が多くなると考えられる。マイナス取引のほうが多くなっているのは、そういう短期的なダマシのシグナルのせいだろう。

市場別、曜日別取引データは、項目次第でわずかなプラスが見られるものの、全体的にはマイナスの期待値となっている。

～第 12 節～

MACD のクロスを使用した売買ルール

1）概要

MACD はジェラルド・アペルによって開発された、移動平均線をベースとしたテクニカル指標である。MACD を日本語に訳すと「移動平均線収束拡散法」となる。文字通り、MACD は算出期間の異なる２本の指数移動平均線の差によって計算される。

また、MACD にはシグナルラインと呼ばれる２本目のラインがある。これは、MACD ラインの９期間移動平均を表している。

一般的な MACD を使用した売買ルールでは、MACD が０（ゼロ）以下でシグナルラインを上抜けば買い、０以上でシグナルラインを下抜けば売りとする場合が多い。これは、MACD と反応の緩やかなシグナルラインが交差するポイントをトレンドの転換点と見るためである。

そこで今回は、短期移動平均の期間を 12、長期移動平均の期間を 26 として、MACD とシグナルのクロスによる売買ルールを検証する。

2）売買ルール（システムトレード的な条件）

①買い条件（仕掛け）

◎1日前のMACDが1日前のMACDシグナルより小さい

◎当日のMACDが当日のMACDシグナルより大きい

◎当日のMACDと当日のMACDシグナルが0より小さい

②売り条件（決済）

◎1日前のMACDが1日前のMACDシグナルより大きい

◎当日のMACDが当日のMACDシグナルより小さい

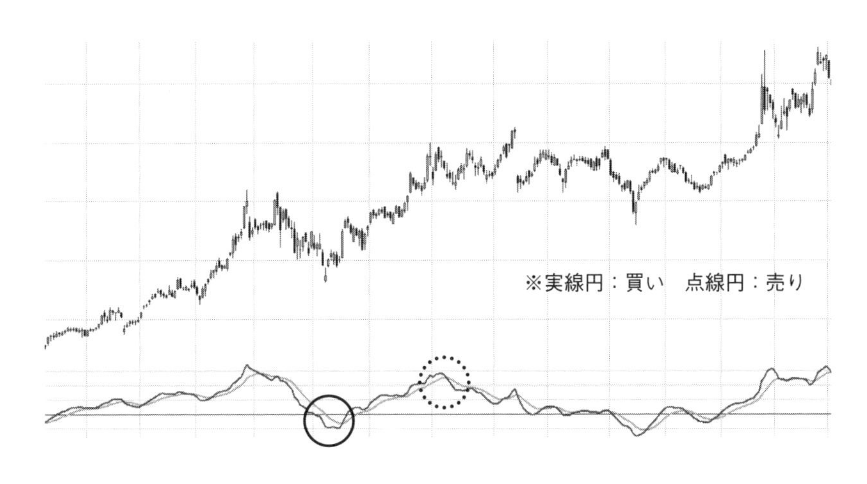

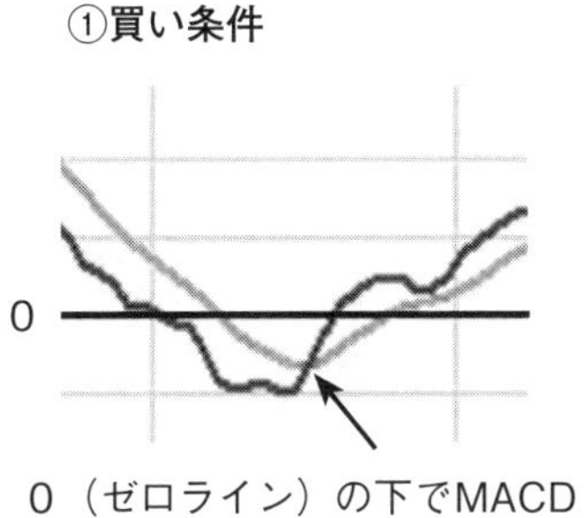

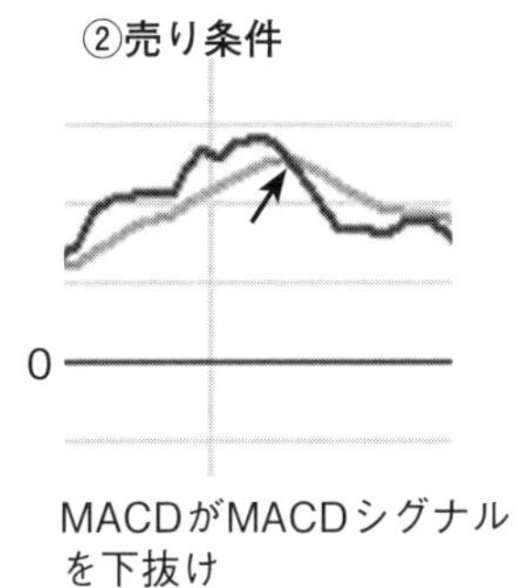

3）検証結果

①概要レポート

総取引回数	3977回	ペイオフレシオ	1.64倍（1.70倍）
平均保有期間	16.18日	期待値	-644円（-0.82%）
最大保有期間	97日	最終運用資金（運用金額＋損益）	434千円
最小保有期間	2日	利益率	-85.51%
勝率	33.17%	プロフィットファクター	0.81倍
平均利益	8453円（13.38%）	最大DD	3782千円（92.09%）
平均損失	5159円（7.86%）	最大DDからの回復日数	119日
利益の標準偏差	13288円（22.66%）	最長DD期間	3602日
損失の標準偏差	9003円（9.91%）	約定率	99.85%

②成績推移グラフ

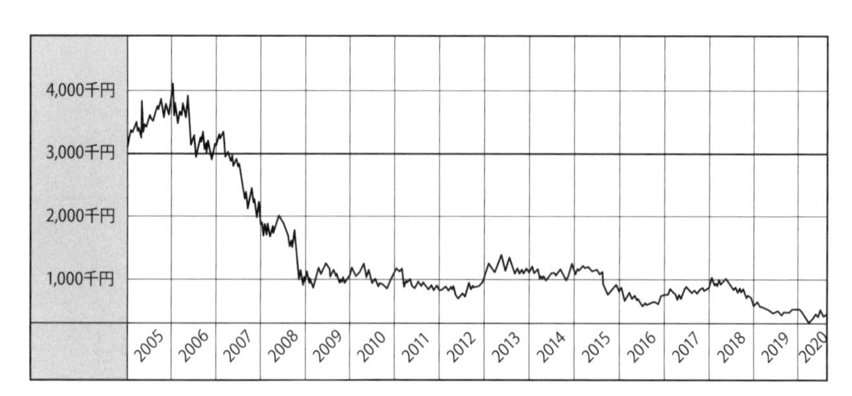

③収益率グラフ

取引ごとの収益率	取引数	比率(%)	取引比率グラフ(グラフ領域の最大:40.0%)
25%以上	167	4.20	
20%以上25%未満	67	1.68	
15%以上20%未満	102	2.56	
10%以上15%未満	187	4.70	
5%以上10%未満	327	8.22	
0%以上5%未満	469	11.79	
−5%以上 0未満	1289	32.41	
−10%以上 −5%未満	754	18.96	
−15%以上 −10%未満	308	7.74	
−20%以上 −15%未満	129	3.24	
−25%以上 −20%未満	64	1.61	
−25%未満	114	2.87	

④市場別取引データ

	取引回数	勝　率	期待値	比　率
東証1部	2914	35.42%	-0.03%	73.27%
東証2部	334	25.45%	-1.09%	8.40%
マザーズ	164	30.49%	-1.71%	4.12%
JASDAQ	565	26.90%	-4.44%	14.21%

⑤曜日別取引データ

曜　日	取引回数	勝　率	期待値	比　率
月	698	31.66%	0.10%	17.55%
火	839	33.37%	-0.63%	21.10%
水	827	32.29%	-1.40%	20.79%
木	816	32.72%	-1.43%	20.52%
金	797	35.63%	-0.47%	20.04%

⑥業種別取引データ

	取引回数	勝　率	平均利益	比　率
水産・農林業	23	43.48%	1.48%	0.58%
卸売業	216	33.80%	-1.91%	5.43%
非鉄金属	39	20.51%	-3.98%	0.98%
鉱業	18	33.33%	-5.24%	0.45%
建設業	211	36.02%	0.55%	5.31%
不動産業	282	27.30%	-3.03%	7.09%
サービス業	434	35.25%	-0.83%	10.91%
機械	126	29.37%	-2.28%	3.17%
食料品	62	40.32%	1.76%	1.56%
情報・通信	559	31.66%	-1.87%	14.06%
小売業	314	30.89%	-1.45%	7.90%
繊維製品	80	21.25%	-1.69%	2.01%
化学	141	35.46%	-0.56%	3.55%
輸送用機器	111	40.54%	0.90%	2.79%
金属製品	39	28.21%	1.53%	0.98%
パルプ・紙	35	20.00%	-1.05%	0.88%
電気機器	311	37.30%	-0.03%	7.82%
医薬品	134	32.84%	-0.52%	3.37%
精密機器	67	44.78%	-0.24%	1.68%
ゴム製品	10	40.00%	4.78%	0.25%
鉄鋼	28	42.86%	1.20%	0.70%
その他製品	48	33.33%	-2.68%	1.21%
その他金融業	186	32.80%	2.31%	4.68%
銀行業	181	32.60%	-0.20%	4.55%
証券業	141	28.37%	-1.53%	3.55%
保険業	9	44.44%	3.06%	0.23%
陸運業	18	33.33%	2.81%	0.45%
海運業	7	28.57%	2.36%	0.18%
空運業	7	28.57%	-6.67%	0.18%
電気・ガス業	55	34.55%	4.62%	1.38%
石油・石炭製品	45	35.56%	-0.17%	1.13%
倉庫・運輸関連業	10	30.00%	-14.45%	0.25%
ガラス・土石製品	30	53.33%	2.28%	0.75%
業種不明	0	0.00%	0.00%	0.00%

4）考察

最終リターンは約85％のマイナスと、運用資産をかなりなくしてしまう結果となった。移動平均線ベースの指標だけあって、勝率は30％程度でペイオフレシオが「1」を超えていることから、順張り型の売買ルールと同じ特性を持っていることがわかる。

しかし、成績推移グラフはRCIやスローストキャスティクスを使用したときと同じような形状となっている。これは先の手法と同じく、手数料コストや高頻度の小さい負けトレードの影響を受けた可能性が高いと判断できる。

収益率分布に関しては、0～－5％の比率が最も高くなっている。こうした取引がマイナスのリターンという結果に大きな影響を与えているであろうことが見て取れる。

また、ペイオフレシオの値からもわかるとおり、分布の形状としては若干プラス側の裾が太くなっているような順張り型の特性を示している。

市場別取引データを見てみると、東証１部の期待値はプラマイゼロ近くになっているものの、それ以外の各市場では明確にマイナスの期待値となっている。

曜日別の取引データに関しては、火から木にかけての週中における期待値が低いという傾向が出ている。

～第 13 節～
14 日 DMI を使用した売買ルール

1） 概要

DMI は「方向性指数」と呼ばれるオシレーター系のテクニカル指標である。RSI などと同じく、J･W･ワイルダーによって開発された。

この指標は一般的なオシレーター系テクニカル指標が苦手とする「トレンド相場」にも対応できるように作成された指標だ。買いの強さを表す＋ DI、売りの強さを表す－ DI、そしてトレンドの有無とその強さを表す ADX の３本のラインで構成されている。

DMI はオシレーター系指標であるため、これらのラインは 0 ～ 100 の値を取る。DMI の売買シグナルは２つある DI ラインのクロスを使用することが多い。一般的には、買いの強さを表す＋ DI が売りの強さを表す－ DI を上抜いたときを買いシグナル、その逆を売りシグナルとして使用する。

ADX は＋ DI と－ DI の差の期間平均を表す指標であり、トレンドの有無と強さを表すとされている。そのため、この値が上昇傾向にあるときは、DI のクロスによる売買シグナルの有効性が高まるとされている。

今回は各ラインの算出期間として 14 日を使用。ADX が上昇しているときのみ、DI ラインのクロスで仕掛けを行う売買ルールを検証する。

2）売買ルール（システムトレード的な条件）

①買い条件（仕掛け）

◎当日の ADX が 1 日前の ADX より大きい

◎ 1 日前の 14 日＋ DI が 1 日前の 14 日－ DI より小さい

◎当日の 14 日＋ DI が当日の 14 日－ DI より大きい

②売り条件（決済）

◎ 1 日前の 14 日＋ DI が 1 日前の 14 日－ DI より大きい

◎当日の 14 日＋ DI が当日の 14 日－ DI より小さい

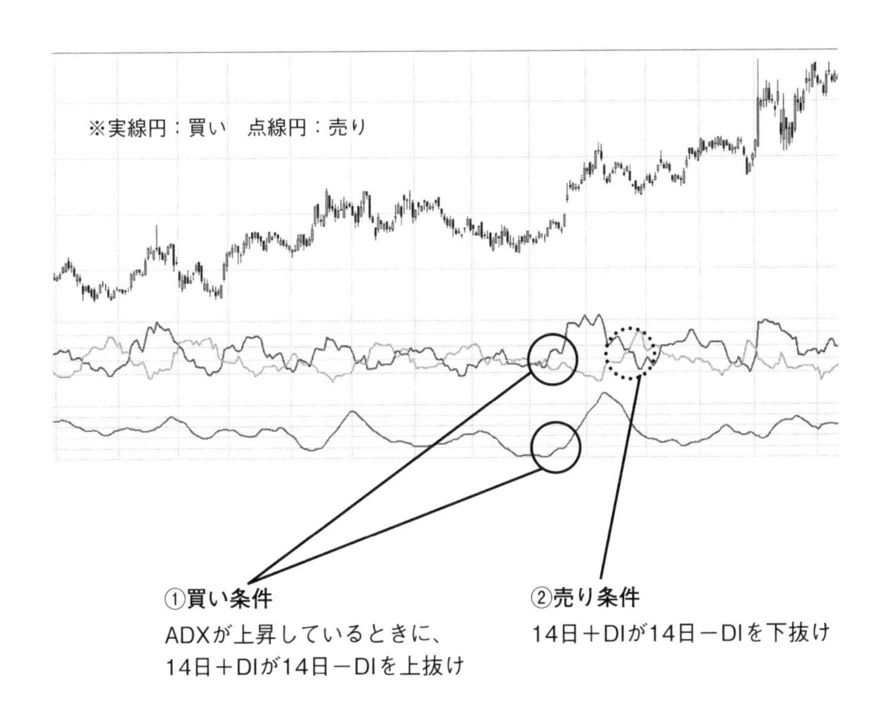

※122ページにて、買いと売りのイメージの拡大図を紹介

3）検証結果

①概要レポート

総取引回数	3992回	ペイオフレシオ	1.70倍（1.90倍）
平均保有期間	16.51日	期待値	-108円（0.39%）
最大保有期間	387日	最終運用資金(運用金額＋損益)	2566千円
最小保有期間	1日	利益率	-14.44%
勝率	36.50%	プロフィットファクター	0.98倍
平均利益	13012円（12.83%）	最大DD	3690千円（81.29%）
平均損失	7650円（6.76%）	最大DDからの回復日数	1968日
利益の標準偏差	26164円（31.73%）	最長DD期間	3602日
損失の標準偏差	10411円（7.30%）	約定率	99.87%

②成績推移グラフ

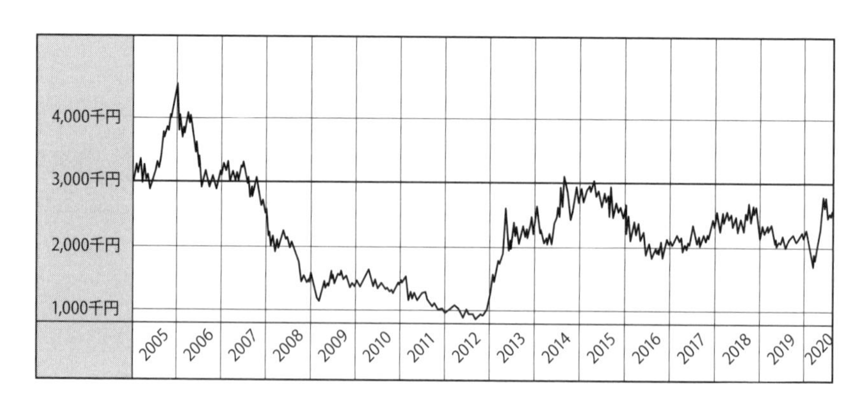

③収益率グラフ

取引ごとの収益率	取引数	比率（%）	取引比率グラフ（グラフ領域の最大：40.0%）
25%以上	176	4.41	
20%以上25%未満	57	1.43	
15%以上20%未満	82	2.05	
10%以上15%未満	137	3.43	
5%以上10%未満	287	7.19	
0%以上5%未満	718	17.99	
−5%以上 0未満	1355	33.94	
−10%以上 −5%未満	646	16.18	
−15%以上 −10%未満	256	6.41	
−20%以上 −15%未満	124	3.11	
−25%以上 −20%未満	72	1.80	
−25%未満	82	2.05	

④市場別取引データ

	取引回数	勝　率	期待値	比　率
東証1部	3134	38.54%	0.52%	78.51%
東証2部	229	24.89%	-3.23%	5.74%
マザーズ	157	34.39%	5.85%	3.93%
JASDAQ	472	29.24%	-0.53%	11.82%

⑤曜日別取引データ

曜　日	取引回数	勝　率	期待値	比　率
月	753	37.72%	0.66%	18.86%
火	850	33.06%	-0.68%	21.29%
水	803	40.10%	0.95%	20.12%
木	814	35.50%	1.20%	20.39%
金	772	36.40%	-0.01%	19.34%

⑥業種別取引データ

	取引回数	勝　率	平均利益	比　率
水産・農林業	26	46.15%	1.52%	0.65%
卸売業	206	31.55%	1.85%	5.16%
非鉄金属	51	31.37%	-3.04%	1.28%
鉱業	21	52.38%	0.37%	0.53%
建設業	204	28.92%	-1.66%	5.11%
不動産業	171	34.50%	-1.57%	4.28%
サービス業	409	34.47%	0.07%	10.25%
機械	236	40.25%	0.32%	5.91%
食料品	82	45.12%	4.45%	2.05%
情報・通信	502	35.86%	-0.20%	12.58%
小売業	285	39.30%	2.88%	7.14%
繊維製品	44	34.09%	-3.31%	1.10%
化学	224	37.05%	0.21%	5.61%
輸送用機器	122	37.70%	1.10%	3.06%
金属製品	68	30.88%	-2.43%	1.70%
パルプ・紙	47	27.66%	-0.66%	1.18%
電気機器	347	39.48%	0.40%	8.69%
医薬品	165	35.15%	1.19%	4.13%
精密機器	98	40.82%	4.99%	2.45%
ゴム製品	29	48.28%	2.95%	0.73%
鉄鋼	40	27.50%	-2.55%	1.00%
その他製品	89	33.71%	0.27%	2.23%
その他金融業	132	37.88%	-0.15%	3.31%
銀行業	138	39.86%	-0.58%	3.46%
証券業	69	33.33%	-1.77%	1.73%
保険業	7	28.57%	3.07%	0.18%
陸運業	37	40.54%	0.75%	0.93%
海運業	8	12.50%	-10.43%	0.20%
空運業	2	0.00%	-13.95%	0.05%
電気・ガス業	50	28.00%	-0.28%	1.25%
石油・石炭製品	30	50.00%	8.11%	0.75%
倉庫・運輸関連業	11	36.36%	-3.23%	0.28%
ガラス・土石製品	42	54.76%	2.78%	1.05%
業種不明	0	0.00%	0.00%	0.00%

4）考察

最終リターンは約14％のマイナスとなっている。勝率は約37％となっているが、ペイオフレシオが「1」を超えているため、この売買ルールは指標のコンセプト通り、市場のトレンドを捉えるための順張り型売買ルールだと言える。

成績推移グラフを見てみると、2008年以降の相場で大きなドローダウンが発生している。これは他の売買ルールと共通だが、買いに有利であることの多い2012年以降での上昇が他の順張り型売買ルールと比べて低い。そのため、この売買ルールを使用可能なものとするには、算出期間を長めに取るなどして、相場の上昇にしっかりと追従できるようにする必要があるだろう。

収益率分布に関しては、0～－5％区間を中心にリターンの値が極端になるほど発生割合が低下するような形状をしている。加えて、25％以上の部分が－25％以下のそれより太いのは、順張り型の特性のためだろう。

市場別取引データでは東証1部とマザーズの期待値が大きくなっている。DMIはトレンドを取り入れたオシレーター系指標であるため、移動平均線などと同じく、マザーズの期待値が高い傾向があるのだろう。

曜日別取引データを見ると、月曜日、水曜日、木曜日の期待値が大きくなっている。

～第 14 節～
加速度 0.02 のパラボリック SAR を使用した順張り戦略

1）概要

パラボリックとは、文字通り、「放物線」のような軌道で価格に追従することを利用して、トレンドの転換点を判断するために使用されるトレンド系テクニカル指標である。この指標も RSI や DMI と同じく、J・W・ワイルダーによって開発された。

この指標は価格トレンドと反対側の位置に表示され、実際の価格と指標が交差したポイントが売買シグナルとなる。

具体的には、相場が上昇しているときは価格の下方に表示され、価格がその指標を下に交差したときに下降トレンド転換を表す（売りのシグナルを発生させる）。反対に、下降トレンドから上昇トレンドへの転換の場合は買いシグナルとなる。

この指標のポイントは「指標をどの程度の速さで価格に追従させるか」である。これは「加速因子」と呼ばれるパラメーターの値によって決定される。通常はワイルダーによって基本設定とされている「0.02 ～ 0.20」の範囲で推移し、トレンドが継続している間は 0.02 ずつ増加するように設定されていることが多い。

今回の検証では上記の基本設定を使用し、価格が指標を上抜いたときを買いシグナル、下抜いたときを売りシグナルとして、リターンの分析を行う。

2）売買ルール（システムトレード的な条件）

①買い条件（仕掛け）

◎１日前の終値がパラボリックより小さい

◎当日の終値がパラボリックより大きい

②売り条件（決済）

◎１日前の終値がパラボリックより大きい

◎当日の終値がパラボリックより小さい

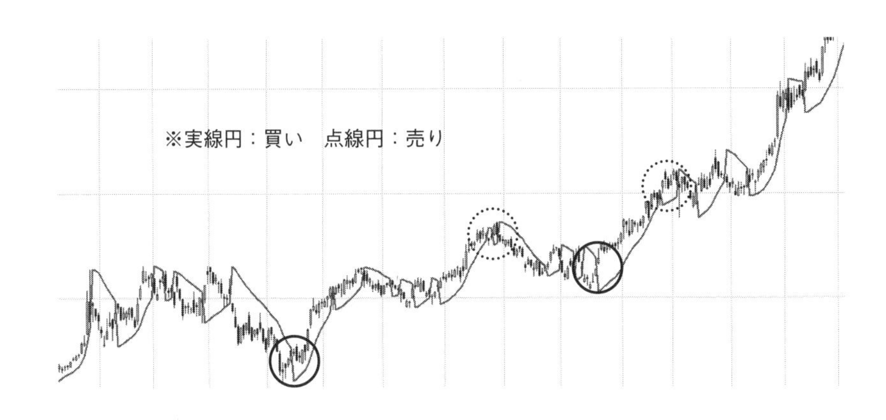

①買い条件

終値がパラボリックSARを上抜け

②売り条件

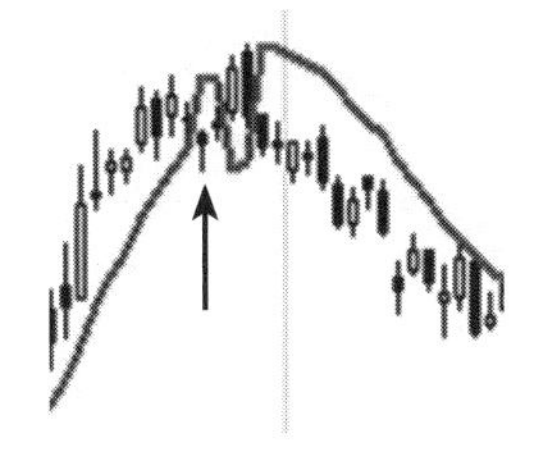

終値がパラボリックSARを下抜け

3）検証結果

①概要レポート

総取引回数	6587回	ペイオフレシオ	1.65倍（1.69倍）
平均保有期間	11.49日	期待値	-142円（-0.04%）
最大保有期間	138日	最終運用資金（運用金額＋損益）	2062千円
最小保有期間	1日	利益率	-31.27%
勝率	36.98%	プロフィットファクター	0.97倍
平均利益	12990円（11.29%）	最大DD	3337千円（71.63%）
平均損失	7849円（6.68%）	最大DDからの回復日数	1944日
利益の標準偏差	24219円（22.99%）	最長DD期間	3602日
損失の標準偏差	11007円（6.70%）	約定率	99.68%

②成績推移グラフ

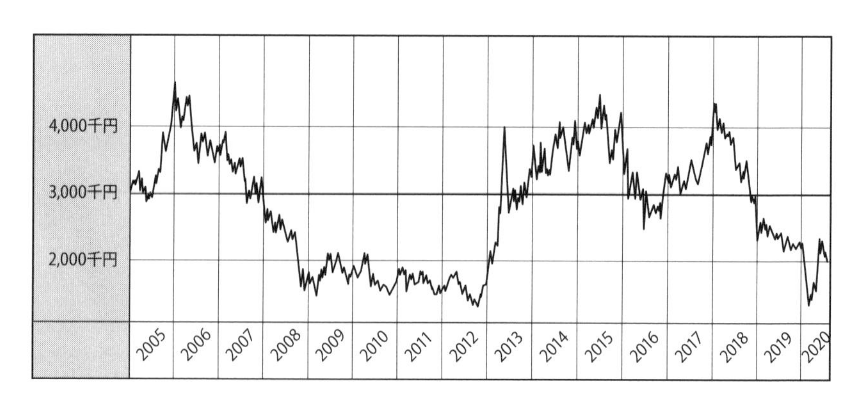

③収益率グラフ

取引ごとの収益率	取引数	比率（%）	取引比率グラフ（グラフ領域の最大：40.0%）
25%以上	232	3.52	
20%以上25%未満	78	1.18	
15%以上20%未満	161	2.44	
10%以上15%未満	317	4.81	
5％以上10%未満	576	8.74	
0％以上5％未満	1072	16.27	
－5％以上 0未満	2134	32.40	
−10%以上 −5%未満	1185	17.99	
−15%以上 −10%未満	433	6.57	
−20%以上 −15%未満	223	3.39	
−25%以上 −20%未満	88	1.34	
−25%未満	88	1.34	

④市場別取引データ

	取引回数	勝　率	期待値	比　率
東証1部	5213	38.86%	0.26%	79.14%
東証2部	385	27.53%	-2.21%	5.84%
マザーズ	241	31.12%	0.40%	3.66%
JASDAQ	748	30.61%	-1.11%	11.36%

⑤曜日別取引データ

曜　日	取引回数	勝　率	期待値	比　率
月	1233	37.71%	0.11%	18.72%
火	1346	37.82%	0.25%	20.43%
水	1333	34.73%	-0.17%	20.24%
木	1375	39.05%	0.69%	20.87%
金	1300	35.54%	-0.84%	19.74%

⑥業種別取引データ

	取引回数	勝　率	平均利益	比　率
水産・農林業	39	33.33%	-0.57%	0.59%
卸売業	365	38.08%	-0.86%	5.54%
非鉄金属	61	40.98%	1.37%	0.93%
鉱業	40	35.00%	-3.52%	0.61%
建設業	284	35.56%	-1.46%	4.31%
不動産業	337	34.42%	0.09%	5.12%
サービス業	669	35.43%	-0.52%	10.16%
機械	215	39.07%	0.85%	3.26%
食料品	140	45.71%	1.60%	2.13%
情報・通信	910	35.71%	-0.08%	13.82%
小売業	453	32.89%	-0.37%	6.88%
繊維製品	106	28.30%	-2.76%	1.61%
化学	306	43.14%	0.22%	4.65%
輸送用機器	245	40.82%	0.41%	3.72%
金属製品	71	42.25%	0.85%	1.08%
パルプ・紙	56	26.79%	-1.14%	0.85%
電気機器	538	41.08%	-0.16%	8.17%
医薬品	299	35.12%	3.17%	4.54%
精密機器	120	39.17%	-0.53%	1.82%
ゴム製品	34	38.24%	1.23%	0.52%
鉄鋼	57	43.86%	1.65%	0.87%
その他製品	87	32.18%	-1.51%	1.32%
その他金融業	276	36.23%	0.37%	4.19%
銀行業	281	36.65%	-0.11%	4.27%
証券業	202	38.12%	-0.94%	3.07%
保険業	42	40.48%	0.64%	0.64%
陸運業	36	41.67%	0.04%	0.55%
海運業	15	26.67%	-2.77%	0.23%
空運業	12	16.67%	-2.55%	0.18%
電気・ガス業	131	34.35%	1.90%	1.99%
石油・石炭製品	73	27.40%	-0.92%	1.11%
倉庫・運輸関連業	16	56.25%	-0.72%	0.24%
ガラス・土石製品	70	42.86%	0.43%	1.06%
業種不明	1	100.00%	5.23%	0.02%

4）考察

最終リターンは約31%のマイナスとなっている。勝率は約37%でペイオフレシオが「1」を上回っているため、この売買ルールはその他のトレンド系指標と同じく順張り型の特性を持っていると言える。

2008年以降の市場低迷期で大きなドローダウンが生じるのはトレンド系指標共通だが、買いに有利な傾向の出やすい2012年以降で資産の最高値を更新できていない。

このことから、パラボリックは上昇相場の中でも、2012～2013年や2016～2017年など全体的に急激な上昇が起こった相場でパフォーマンスが良くなる傾向があるといえる。

一方、緩やかな上昇の場合、加速度的に価格に追従する性質は不利になるのだろう。

収益率分布に関してはDMIを使用した売買ルールと同じく、0～－5%区間を中心にリターンの値が極端になるほど発生割合が低下するような形状をしている。加えて、25%以上の部分が－25%未満のそれより太いのは、やはり順張り型の特性のためだろう。

市場別取引データでは東証1部とマザーズの期待値がプラスであり、曜日別取引データでは、木曜日の期待値が他の曜日に比べて高い一方で、水曜日と金曜日の期待値が低めになっている。

テクニカル指標の製作者がDMIと同じためか、市場別の取引データについてDMIの売買ルールと似た傾向が見られるのは面白いポイントである。

～第 15 節～
グランビルの第１法則による売買ルール

1）概要

グランビルの法則とは、アメリカのＪ・Ｅ・グランビルによって名付けられた、株価と移動平均線の位置関係から売買タイミングを探る手法である。グランビルの法則は大きく３つのパターンに分けることができる。具体的には、相場の状況ごとに以下のポイントで売買シグナルを発生させる。

◎株価と上昇中（または下降中）の移動平均線が交差（トレンドの始まり）
◎株価と移動平均線が接近（押し・戻り）
◎株価と移動平均線の大きな乖離からの反発（逆張り）

元のグランビルの法則は移動平均線の期間設定として 200 日を使用していたが、上記の３つの法則は移動平均線の期間設定を変更しても機能する。そのため、さまざまな投資スパンに応じて用いることができるとされている。

今回の検証では、グランビルが使用していた 200 日という期間設定を用いて、上昇中の移動平均線を株価が上抜いたときに買いの仕掛けを行う。なお、売りに関しては、機動的な手仕舞いを行うために、単純に株価が移動平均線を割り込んだときとする。

2）売買ルール（システムトレード的な条件）

①買い条件（仕掛け）

◎５日連続で当日の200日移動平均線が１日前の200日移動平均線より大きい　※上昇中

◎１日前の終値が１日前の200日移動平均線より小さい

◎当日の終値が当日の200日移動平均線より大きい

②売り条件（決済）

◎１日前の終値が１日前の200日移動平均線より大きい

◎当日の終値が当日の200日移動平均線より小さい

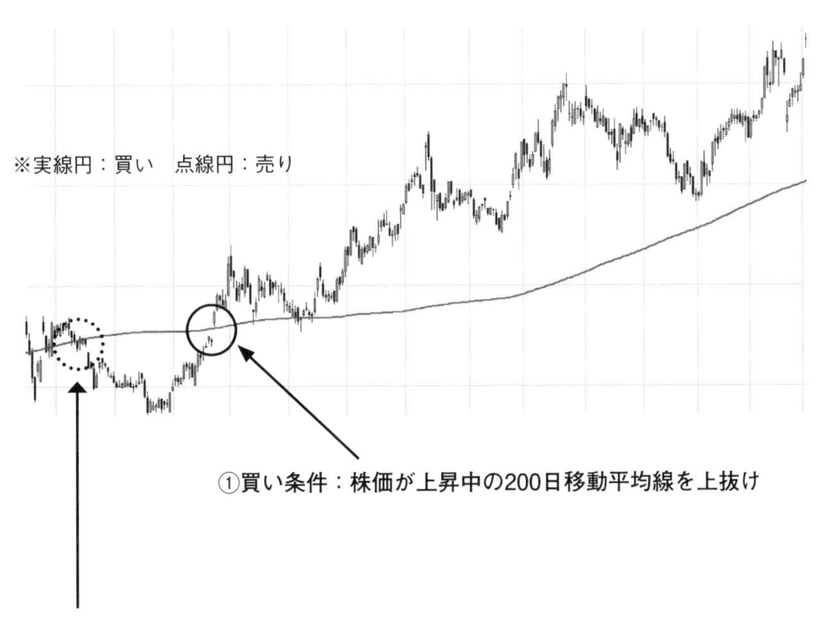

3）検証結果

①概要レポート

総取引回数	2716回	ペイオフレシオ	3.15倍（3.86倍）
平均保有期間	23.71日	期待値	-417円（0.32%）
最大保有期間	500日	最終運用資金（運用金額＋損益）	1864千円
最小保有期間	1日	利益率	-37.83%
勝率	22.05%	プロフィットファクター	0.89倍
平均利益	15614円（17.17%）	最大DD	3275千円（72.76%）
平均損失	4954円（4.45%）	最大DDからの回復日数	2035日
利益の標準偏差	37551円（46.30%）	最長DD期間	3586日
損失の標準偏差	7250円（4.97%）	約定率	99.85%

②成績推移グラフ

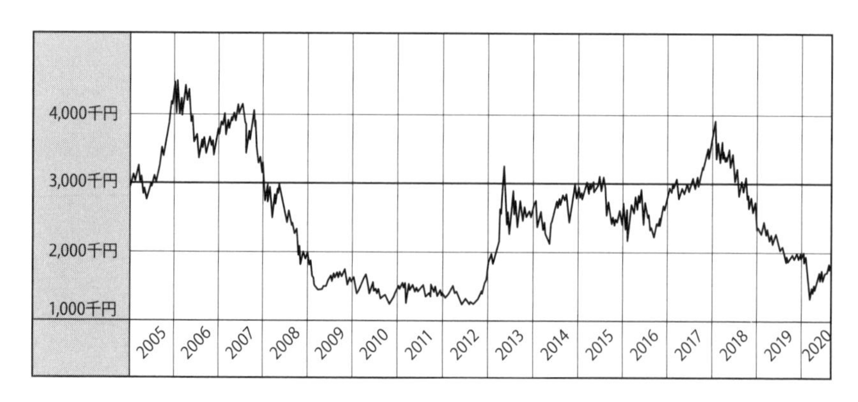

③収益率グラフ

取引ごとの収益率	取引数	比率(%)	取引比率グラフ(グラフ領域の最大:40.0%)
25%以上	100	3.68	
20%以上25%未満	14	0.52	
15%以上20%未満	24	0.88	
10%以上15%未満	28	1.03	
5%以上10%未満	58	2.14	
0%以上5%未満	375	13.81	
−5%以上 0未満	1479	54.46	
−10%以上 −5%未満	456	16.79	
−15%以上 −10%未満	116	4.27	
−20%以上 −15%未満	36	1.33	
−25%以上 −20%未満	15	0.55	
−25%未満	15	0.55	

④市場別取引データ

	取引回数	勝　率	期待値	比　率
東証1部	2158	23.17%	1.23%	79.46%
東証2部	170	15.88%	-4.53%	6.26%
マザーズ	81	22.22%	-3.22%	2.98%
JASDAQ	307	17.59%	-2.47%	11.30%

⑤曜日別取引データ

曜　日	取引回数	勝　率	期待値	比　率
月	515	23.30%	-0.72%	18.96%
火	553	20.25%	0.99%	20.36%
水	599	23.87%	0.74%	22.05%
木	524	23.09%	0.23%	19.29%
金	525	19.62%	0.39%	19.33%

⑥業種別取引データ

	取引回数	勝　率	平均利益	比　率
水産・農林業	11	36.36%	3.43%	0.41%
卸売業	144	21.53%	2.46%	5.30%
非鉄金属	23	21.74%	-0.04%	0.85%
鉱業	8	12.50%	-7.48%	0.29%
建設業	173	24.28%	0.06%	6.37%
不動産業	128	15.63%	-3.41%	4.71%
サービス業	298	21.48%	1.72%	10.97%
機械	104	23.08%	0.60%	3.83%
食料品	46	15.22%	1.01%	1.69%
情報・通信	367	23.16%	0.70%	13.51%
小売業	204	19.12%	-0.61%	7.51%
繊維製品	46	19.57%	-5.07%	1.69%
化学	177	22.60%	1.24%	6.52%
輸送用機器	94	25.53%	-0.30%	3.46%
金属製品	21	28.57%	-3.17%	0.77%
パルプ・紙	35	22.86%	-0.50%	1.29%
電気機器	190	23.68%	1.46%	7.00%
医薬品	133	23.31%	-1.18%	4.90%
精密機器	54	27.78%	1.41%	1.99%
ゴム製品	13	23.08%	-2.40%	0.48%
鉄鋼	27	22.22%	-1.26%	0.99%
その他製品	46	30.43%	2.56%	1.69%
その他金融業	91	18.68%	2.28%	3.35%
銀行業	67	23.88%	0.41%	2.47%
証券業	73	16.44%	-0.46%	2.69%
保険業	17	5.88%	-3.46%	0.63%
陸運業	32	28.13%	-0.73%	1.18%
海運業	5	0.00%	-7.27%	0.18%
空運業	1	100.00%	0.18%	0.04%
電気・ガス業	26	19.23%	2.24%	0.96%
石油・石炭製品	40	27.50%	-0.83%	1.47%
倉庫・運輸関連業	4	0.00%	-2.27%	0.15%
ガラス・土石製品	18	22.22%	-0.56%	0.66%
業種不明	0	0.00%	0.00%	0.00%

4）考察

最終リターンは38%ほどのマイナスという結果となった。勝率は約22%とその他の順張り型の売買ルールよりも低くなっているが、ペイオフレシオが3倍を超えている。以上のことから、この売買ルールは他の順張り型の売買ルールと比べて、より「損小利大」の傾向が強い売買ルールと言えるだろう。

収益率分布を見てみるとその傾向がよくわかる。半分以上の取引が0～－5％の部分に集中していることから、小さな損失をかなり頻繁に出していることがわかる。

加えて、プラス域の特徴として25%以上の部分の発生頻度がそれ以下のプラス域よりも多くなっている。このことから、市場のトレンドをうまく捉えたときには大きな利益が期待でき、それによって頻繁に発生する小さな損失とのバランスを取っていると考えられる。

市場別取引データでは、東証1部の期待値のみプラスとなっている。他のトレンド系指標と異なり、マザーズの期待値が低い点は気になるが、株価と移動平均線で分析するため、変動の激しいマザーズの銘柄だとダマシが多くなるのだろう。

曜日別取引データでは、月曜日のみ、期待値がマイナスとなっている。

～補足～

◆一目均衡表の売買ルールの補足

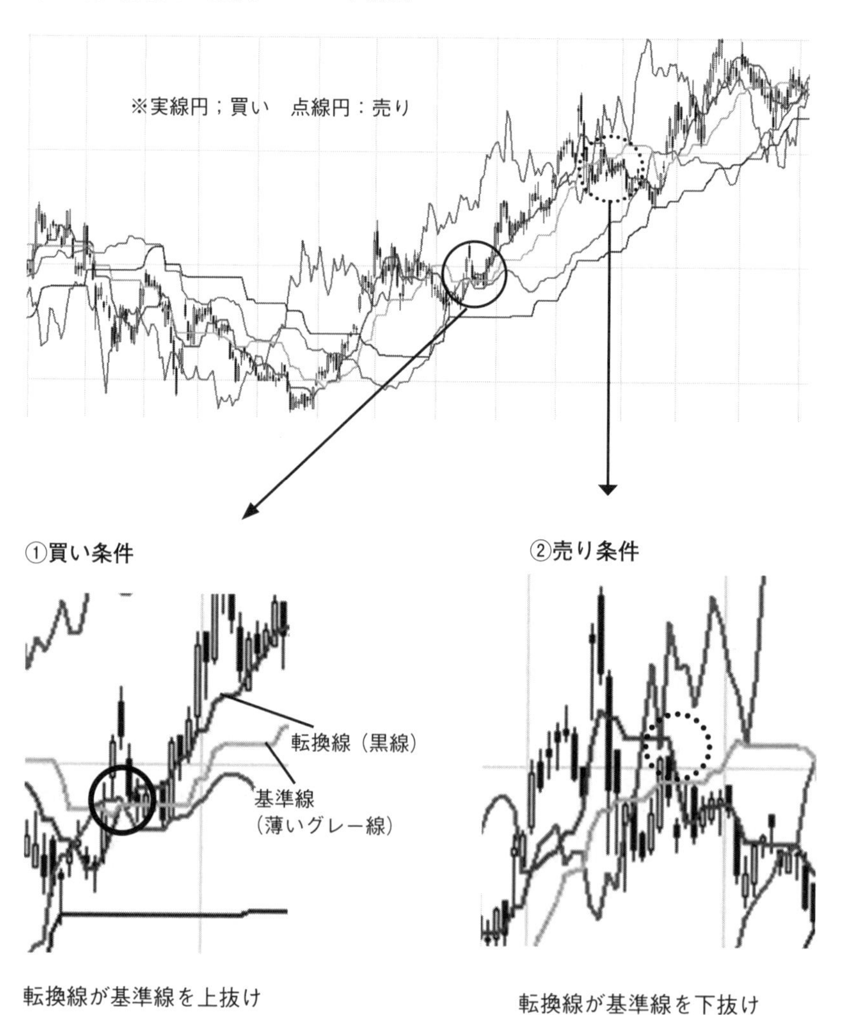

◆14日スローストキャスティクスの売買ルールの補足

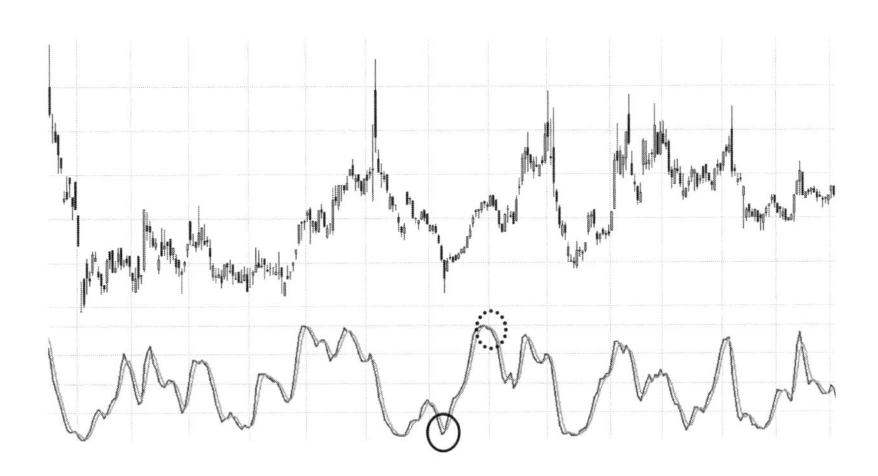

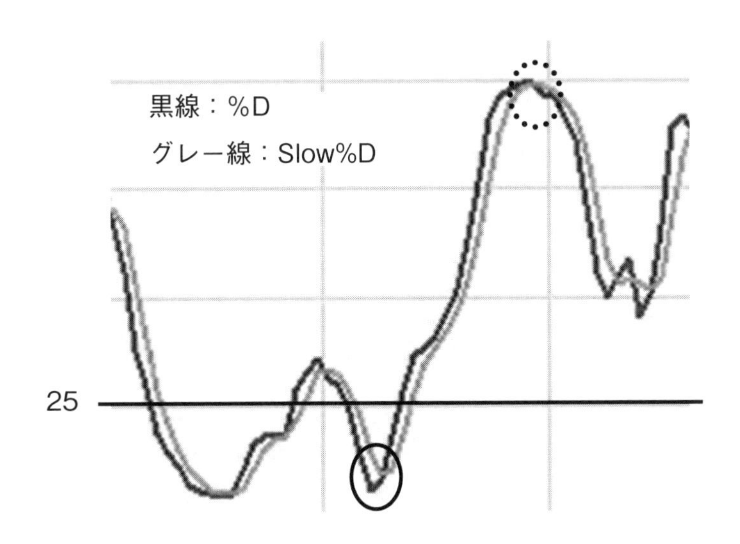

①買い条件

25以下で%DがSlow%Dを上抜け

②売り条件

%DがSlow%Dを下抜け

◆14日DMIの売買ルールの補足

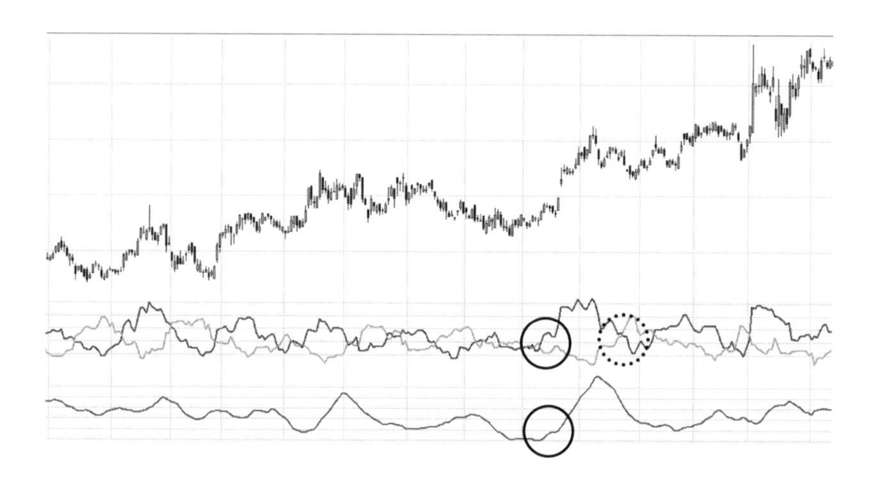

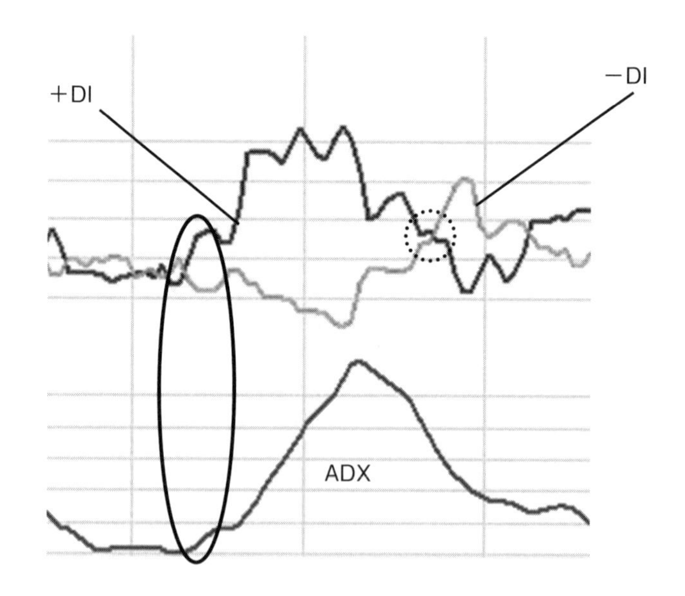

①買い条件（実線円）
ADXが上昇しているときに、
＋DIが－DIを上抜け

②売り条件（点線円）
＋DIが－DIを下抜け

第3章

複数の指標による売買ルールの検証

～第１節～
はじめに

ここまでは単一のテクニカル指標のみを使用した売買ルールを検証してきた。主要なテクニカル指標を使用した売買ルールに関しては、あらかた検証し尽くしたと言えるだろう。

しかし、一般的なテクニカル分析において、単一のテクニカル指標のみを使用して分析するケースは稀である。事実、多くの投資家は複数のテクニカル指標を組み合わせて取引に使用していることだろう。

以上を考慮し、ここからは前章で検証した単一のテクニカル指標による売買シグナルを、多くの投資家がそうしているように、組み合わせて使用するような売買ルールの検証を行っていこうと思う。

また、これ以降の検証では仕掛けと手仕舞いに異なるシグナルを使用したり、売買ルールのタイプ（順張り･逆張り）に合わせて値幅や保有日数による手仕舞い条件も変化させていく。こうすることで、前章で検証したテクニカル指標による固定的な売買ルールと比べて売買ルールの特長を活かした、より実際の運用に近い売買ルールについて見ていくことができるであろう。

～第３章で登場する売買ルール一覧～

①200日移動平均線と14日RSIを組み合わせた押し目買い戦略

②パーフェクトオーダーと９日RCIによる押し目買い戦略

③MACDトレンドフィルターを使用したRCI逆張り戦略

④オシレーターと乖離率を組み合わせた逆張り売買ルール

⑤長期トレンドフィルターを加えた乖離率複合逆張り戦略

⑥タートルズ・ブレイクアウト・システム

⑦ゴールデンクロスとブレイクアウトの複合売買ルール

⑧タートル・スープ戦略

⑨トレンド判定付きタートル・スープ戦略

⑩魔術師リンダの「聖杯」トレード戦略

⑪ADXとボラティリティによる短期押し目買い戦略

⑫５日RCIによるボラティリティスイングトレード

～第2節～

200日移動平均線と14日RSIを組み合わせた押し目買い戦略

1）概要

この手法では14日RSIの売買ルールに、200日移動平均線による長期トレンドフィルターを追加する。

RSIだけでなくオシレーター系テクニカル指標全般に言えることだが、多くのオシレーターは短期的な逆張りの売買を得意とする反面、中長期的なトレンドを売買シグナルに取り入れることができないという弱点がある。

このようにオシレーター系の売買シグナルに、中長期の移動平均線によるトレンドフィルターを追加することで、長期的なトレンドに沿った仕掛けを行うことが期待できるというわけである。

今回の検証では14日RSIの買いシグナルのうち、株価が200日移動平均線の上に位置するときに出されたものだけを使用して買いを仕掛ける。

なお、売りの条件に関しては機動的に手仕舞いを行うために、単純にRSIが75より大きくなった時点で手仕舞いする。

2）売買ルール（システムトレード的な条件）

①買い条件（仕掛け）

◎１日前の14日RSIが25より大きい

◎当日の14日RSIが25より小さい

◎当日の終値が当日の200日移動平均線より大きい

②売り条件（決済）

◎１日前の14日RSIが75より小さい

◎当日の14日RSIが75より大きい

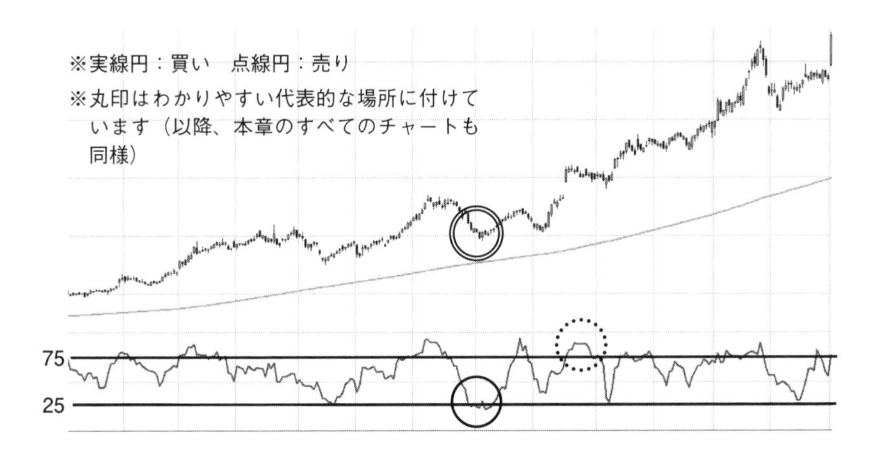

①買い条件

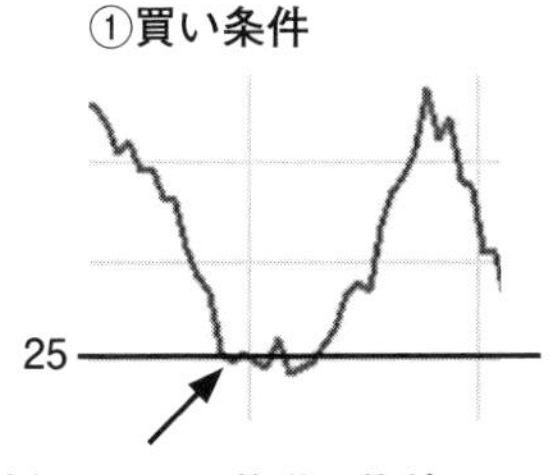

株価が200日移動平均線の上に位置している状態（上記チャートの二重丸）でRSIが「25」のラインを下抜け

②売り条件

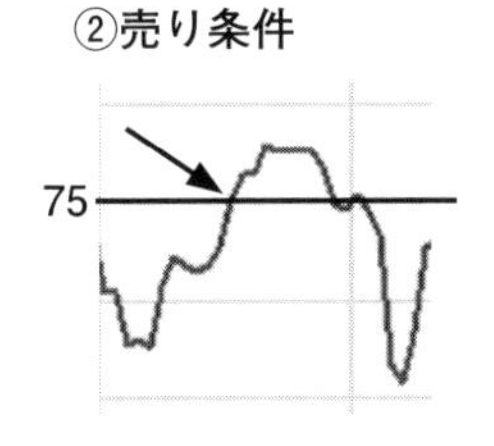

RSIが「75」を上抜け

3）検証結果

①概要レポート

総取引回数	961回	ペイオフレシオ	0.81倍（0.81倍）
平均保有期間	71.67日	期待値	607円（0.50%）
最大保有期間	441日	最終運用資金（運用金額＋損益）	3584千円
最小保有期間	1日	利益率	19.47%
勝率	56.61%	プロフィットファクター	1.06倍
平均利益	20002円（14.81%）	最大DD	2123千円（59.27%）
平均損失	24693円（18.17%）	最大DDからの回復日数	682日
利益の標準偏差	27994円（16.14%）	最長DD期間	2316日
損失の標準偏差	32238円（17.29%）	約定率	100.00%

②成績推移グラフ

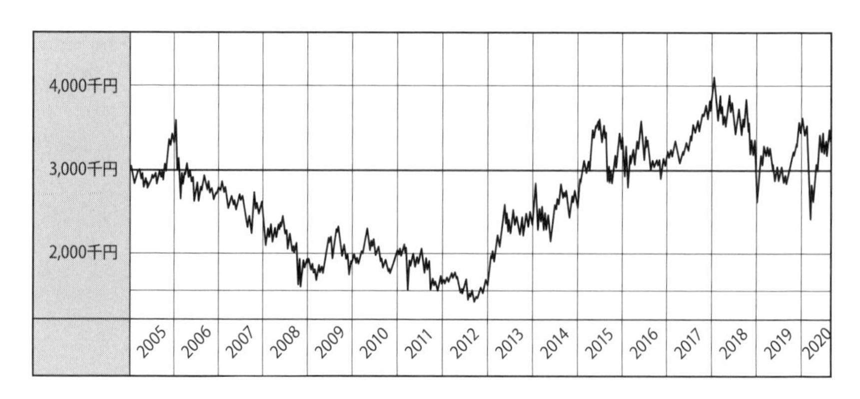

③収益率グラフ

取引ごとの収益率	取引数	比率(%)	取引比率グラフ(グラフ領域の最大:40.0%)
25%以上	89	9.26	
20%以上25%未満	37	3.85	
15%以上20%未満	55	5.72	
10%以上15%未満	81	8.43	
5%以上10%未満	152	15.82	
0%以上5%未満	130	13.53	
−5%以上 0未満	85	8.84	
−10%以上 −5%未満	83	8.64	
−15%以上 −10%未満	65	6.76	
−20%以上 −15%未満	45	4.68	
−25%以上 −20%未満	32	3.33	
−25%未満	107	11.13	

④市場別取引データ

	取引回数	勝率	期待値	比率
東証1部	680	60.00%	1.06%	70.76%
東証2部	51	50.98%	-2.78%	5.31%
マザーズ	59	44.07%	-2.03%	6.14%
JASDAQ	171	49.12%	0.12%	17.79%

⑤曜日別取引データ

曜日	取引回数	勝率	期待値	比率
月	183	55.19%	-0.10%	19.04%
火	191	51.83%	-0.38%	19.88%
水	185	63.78%	1.33%	19.25%
木	192	56.25%	0.19%	19.98%
金	210	56.19%	1.39%	21.85%

⑥業種別取引データ

	取引回数	勝　率	平均利益	比　率
水産・農林業	3	66.67%	4.03%	0.31%
卸売業	65	66.15%	3.88%	6.76%
非鉄金属	8	62.50%	0.23%	0.83%
鉱業	4	50.00%	-0.47%	0.42%
建設業	55	54.55%	0.11%	5.72%
不動産業	40	57.50%	2.60%	4.16%
サービス業	112	45.54%	-6.85%	11.65%
機械	35	68.57%	7.21%	3.64%
食料品	28	71.43%	4.98%	2.91%
情報・通信	163	58.90%	3.62%	16.96%
小売業	99	58.59%	-0.69%	10.30%
繊維製品	12	50.00%	10.52%	1.25%
化学	44	63.64%	2.58%	4.58%
輸送用機器	15	40.00%	-3.79%	1.56%
金属製品	7	42.86%	-4.30%	0.73%
パルプ・紙	10	60.00%	1.39%	1.04%
電気機器	67	53.73%	-1.90%	6.97%
医薬品	35	62.86%	5.61%	3.64%
精密機器	22	45.45%	-3.33%	2.29%
ゴム製品	5	60.00%	-0.80%	0.52%
鉄鋼	4	75.00%	3.89%	0.42%
その他製品	18	61.11%	-0.61%	1.87%
その他金融業	17	47.06%	-2.12%	1.77%
銀行業	17	47.06%	-4.67%	1.77%
証券業	23	30.43%	2.60%	2.39%
保険業	2	50.00%	-12.27%	0.21%
陸運業	14	64.29%	1.28%	1.46%
海運業	4	25.00%	-18.47%	0.42%
空運業	2	50.00%	-43.31%	0.21%
電気・ガス業	12	75.00%	2.95%	1.25%
石油・石炭製品	7	57.14%	-1.00%	0.73%
倉庫・運輸関連業	3	33.33%	-11.56%	0.31%
ガラス・土石製品	9	77.78%	2.60%	0.94%
業種不明	0	0.00%	0.00%	0.00%

4）考察

最終リターンは約10%のプラスという結果となった。14日RSI単体の結果が約35%のマイナスであったことを考えると、トレンドフィルターによって成績が改善したと言えるだろう。勝率は約56%でペイオフレシオは「1」以下となっているため、RSI単体時と同じく、逆張り型の特性となっている。

収益率分布に関しては、概ねRSI単体と同じような分布になっているが、25%以上や－25%未満のような極端なリターンを発生させる取引の割合が、わずかではあるが減少している。トレンドフィルターの追加によってマイナスの大きな取引の割合が少なくなることは想像に難くないが、プラスの大きな取引の割合も減少している点は注目すべきポイントであろう。

市場別データを見てみると、東証1部の期待値がプラスとなっている一方で、東証2部とマザーズの期待値がマイナスとなっている。東証2部でマイナスの期待値となるのはRSI単体時と同じだが、マザーズ市場の期待値がマイナスという点に関しては、トレンドフィルターによる変化が見られたということになる。このことから、長期トレンドを加味した場合には、東証2部に加えマザーズの銘柄についても、安易に反発を期待するのは避けたほうがよいかもしれない。

曜日別取引データでは週初の期待値がマイナスとなっており、水曜日以降の週末にかけて期待値が高くなっている。

～第３節～
パーフェクトオーダーと９日RCIによる押し目買い戦略

1）概要

この手法では「３本の移動平均線によるパーフェクトオーダー」と「９日RCIを使用した逆張り」を組み合わせて使用する。これもトレンド系＋オシレーター系の複合売買ルールになる。

基本的な考え方は移動平均線とRSIの組み合わせと同じだが、ネットやSNS等で注目度の高いパーフェクトオーダーとRCIの組み合わせを使用して検証することで、「一般的に評価されている指標の有効性を確かめる」という本書の目的をより確かに達成できるかと思い、この組み合わせを選んだ。

今回の検証では25日·75日·200日の移動平均線によるパーフェクトオーダーをトレンドフィルターとして使用し、この条件を満たしているときのみ９日RCIの買いシグナルによって買いの仕掛けを行う。なお、売りの条件に関しては機動的に手仕舞いを行うため、単純にRCIが80より大きくなった時点で手仕舞うことにする。

2）売買ルール（システムトレード的な条件）

①買い条件（仕掛け）

◎当日の25日移動平均線と当日の75日移動平均線が当日の200日移動平均線より大きい

◎１日前の９日RCIが−80より大きい

◎当日の９日RCIが−80より小さい

②売り条件（決済）

◎１日前の９日RCIが80より小さい

◎当日の９日RCIが80より大きい

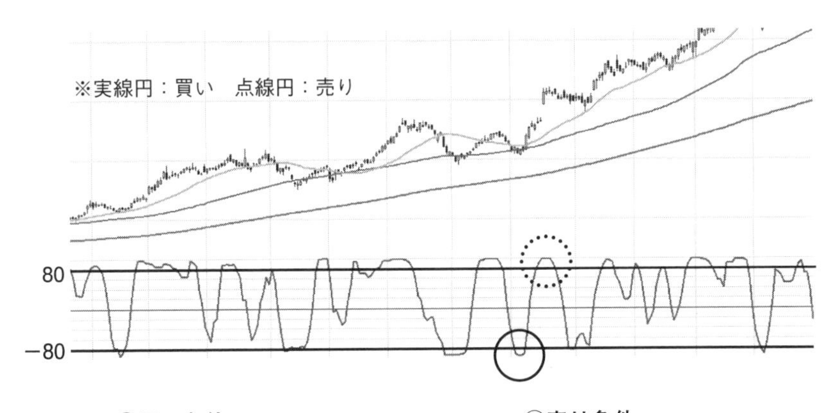

①買い条件

80

−80

25日移動平均線と75日移動平均線が200日移動平均線よりも上の状態で、９日RCIが「−80」のラインを下抜け

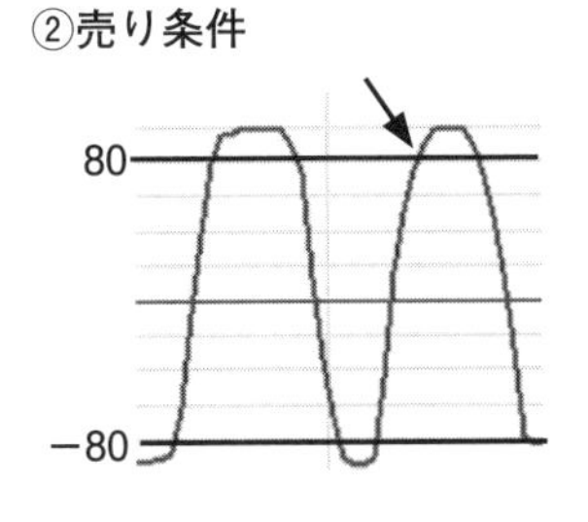

９日RCIが「80」のラインを上抜け

3）検証結果

①概要レポート

総取引回数	2347回	ペイオフレシオ	0.68倍（0.76倍）
平均保有期間	28.51日	期待値	-260円（0.38%）
最大保有期間	169日	最終運用資金（運用金額＋損益）	2389千円
最小保有期間	2日	利益率	-20.34%
勝率	58.50%	プロフィットファクター	0.96倍
平均利益	11449円（9.46%）	最大DD	3157千円（68.64%）
平均損失	16766円（12.41%）	最大DDからの回復日数	1999日
利益の標準偏差	16894円（12.06%）	最長DD期間	3602日
損失の標準偏差	21771円（12.64%）	約定率	99.91%

②成績推移グラフ

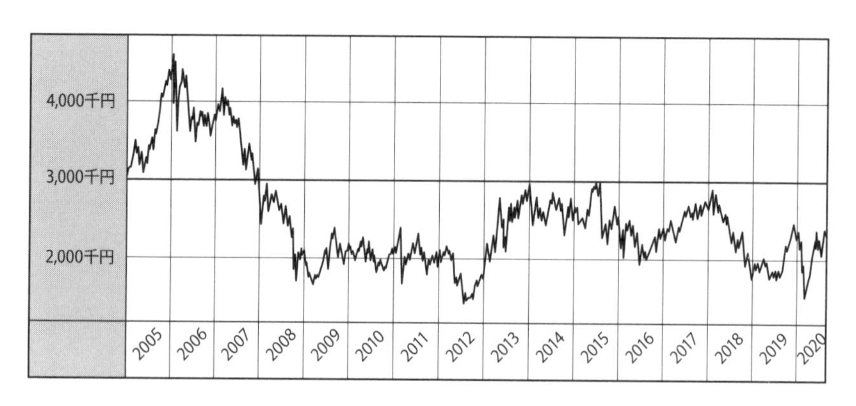

③収益率グラフ

取引ごとの収益率	取引数	比率（%）	取引比率グラフ（グラフ領域の最大：40.0%）
25%以上	95	4.05	
20%以上25%未満	68	2.90	
15%以上20%未満	80	3.41	
10%以上15%未満	156	6.65	
5%以上10%未満	370	15.76	
0%以上5%未満	604	25.73	
−5%以上 0未満	344	14.66	
−10%以上 −5%未満	198	8.44	
−15%以上 −10%未満	135	5.75	
−20%以上 −15%未満	98	4.18	
−25%以上 −20%未満	62	2.64	
−25%未満	137	5.84	

④市場別取引データ

	取引回数	勝 率	期待値	比 率
東証1部	1708	60.71%	0.58%	72.77%
東証2部	142	41.55%	-1.45%	6.05%
マザーズ	107	55.14%	0.55%	4.56%
JASDAQ	390	55.90%	0.15%	16.62%

⑤曜日別取引データ

曜 日	取引回数	勝 率	期待値	比 率
月	409	58.44%	-0.26%	17.43%
火	510	56.67%	0.29%	21.73%
水	482	63.90%	1.32%	20.54%
木	472	56.99%	0.37%	20.11%
金	474	56.54%	0.19%	20.20%

⑥業種別取引データ

	取引回数	勝　率	平均利益	比　率
水産・農林業	12	25.00%	-3.69%	0.51%
卸売業	153	60.13%	-0.90%	6.52%
非鉄金属	22	36.36%	-8.12%	0.94%
鉱業	5	80.00%	0.02%	0.21%
建設業	116	59.48%	1.01%	4.94%
不動産業	112	53.57%	-1.36%	4.77%
サービス業	290	60.69%	1.93%	12.36%
機械	105	65.71%	2.84%	4.47%
食料品	61	63.93%	0.51%	2.60%
情報・通信	345	55.07%	0.96%	14.70%
小売業	206	57.28%	-0.12%	8.78%
繊維製品	27	59.26%	-1.25%	1.15%
化学	117	57.26%	-0.38%	4.99%
輸送用機器	55	78.18%	3.03%	2.34%
金属製品	33	60.61%	0.17%	1.41%
パルプ・紙	31	51.61%	-2.03%	1.32%
電気機器	182	59.89%	1.29%	7.75%
医薬品	91	61.54%	1.37%	3.88%
精密機器	51	56.86%	2.30%	2.17%
ゴム製品	9	77.78%	-2.19%	0.38%
鉄鋼	26	53.85%	-1.84%	1.11%
その他製品	46	54.35%	-2.28%	1.96%
その他金融業	44	56.82%	0.44%	1.87%
銀行業	44	50.00%	-3.17%	1.87%
証券業	45	55.56%	-0.60%	1.92%
保険業	6	50.00%	-5.39%	0.26%
陸運業	21	61.90%	0.99%	0.89%
海運業	4	75.00%	9.94%	0.17%
空運業	4	50.00%	-18.77%	0.17%
電気・ガス業	33	69.70%	1.62%	1.41%
石油・石炭製品	21	57.14%	-1.27%	0.89%
倉庫・運輸関連業	5	40.00%	-15.60%	0.21%
ガラス・土石製品	25	52.00%	0.35%	1.07%
業種不明	0	0.00%	0.00%	0.00%

4）考察

最終リターンは約20％のマイナスという結果となった。9日RCI単体での結果が約74％のマイナスであったことを考えると、こちらもRSIのときと同じく、トレンドフィルターによって成績が改善したと言えるだろう。

勝率は約59％程度で、ペイオフレシオは引き続き「1」以下となっているため、これもRCI単体時と同じく、逆張り型の特性となっている。

収益率分布に関しては、RSIにトレンドフィルターを追加したときと同じような、25％以上と－25％未満の領域に関して取引の減少が見られた。長期的なトレンドフィルターを追加することで極端なリターンの発生する取引が減少するというのは、オシレーター系指標の売買ルール共通の傾向なのかもしれない。

市場別取引データでは、東証2部のみマイナスの期待値となっている。これは追加したトレンドフィルターの違いによるものか、もしくはオシレーター系指標の算出期間の違いによるものかはわからないが、RSIにトレンドフィルターを追加したときとは異なる傾向を示した。

曜日別取引データでは月曜日の期待値のみマイナスとなっている。また、水曜日の期待値が目立って高くなっている。

～第４節～
MACD トレンドフィルターを使用した RCI 逆張り戦略

1）概要

この手法ではMACDとRCIを組み合わせて売買ルールを作成する。MACDもRCIも同じオシレーター系テクニカル指標であるが、MACDに関しては算出期間の異なる２つの移動平均線の距離を利用するため、オシレーター系テクニカル指標でありながらトレンド系テクニカル指標としての要素も併せ持っていると言える。

そこで今回は、MACDとMACDシグナルの位置関係をトレンドフィルターとして使用し、「RCIの売買シグナルとMACDが表すトレンドの向きが一致したときのみポジションを取る」という売買ルールを検証しようと思う。具体的にはMACDがMACDシグナルの上に位置しているときのみ、５日RCIの逆張りの売買シグナルに従って買いを仕掛ける。

なお、売りの条件に関しては機動的に手仕舞いを行うために、単純にRCIが80より大きくなった時点で手仕舞うことにする。

2）売買ルール（システムトレード的な条件）

①買い条件（仕掛け）

◎当日のMACDが当日のMACDシグナルより大きい

◎１日前の５日RCIが－80より大きい

◎当日の５日RCIが－80より小さい

②売り条件（決済）

◎１日前の５日RCIが80より小さい

◎当日の５日RCIが80より大きい

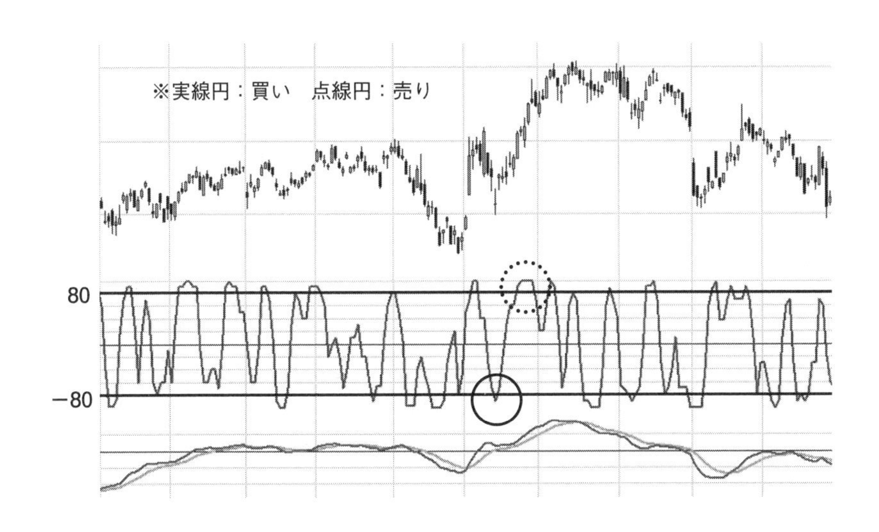

①買い条件（実践円）

MACDがMACDシグナルの上になっている状態で、RCIが「－80」を下抜け

②売り条件（点線円）

RCIが「80」を上抜け

3）検証結果

①概要レポート

総取引回数	4477回	ペイオフレシオ	0.75倍（0.74倍）
平均保有期間	16.27日	期待値	171円（0.08%）
最大保有期間	116日	最終運用資金（運用金額＋損益）	3768千円
最小保有期間	1日	利益率	25.61%
勝率	57.90%	プロフィットファクター	1.03倍
平均利益	9609円（7.60%）	最大DD	3808千円（77.56%）
平均損失	12805円（10.27%）	最大DDからの回復日数	1999日
利益の標準偏差	16437円（11.30%）	最長DD期間	3325日
損失の標準偏差	21835円（12.82%）	約定率	99.91%

②成績推移グラフ

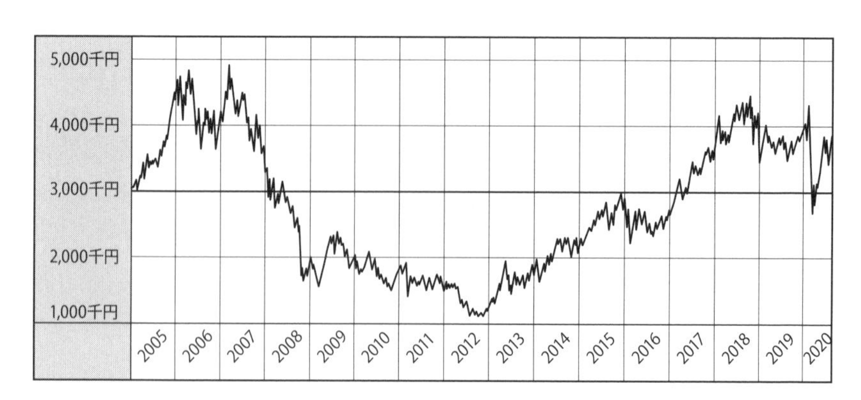

③収益率グラフ

取引ごとの収益率	取引数	比率(%)	取引比率グラフ(グラフ領域の最大:40.0%)
25%以上	124	2.77	
20%以上25%未満	55	1.23	
15%以上20%未満	117	2.61	
10%以上15%未満	258	5.76	
5%以上10%未満	652	14.56	
0%以上5%未満	1386	30.96	
−5%以上 0未満	847	18.92	
−10%以上 −5%未満	404	9.02	
−15%以上 −10%未満	219	4.89	
−20%以上 −15%未満	135	3.02	
−25%以上 −20%未満	96	2.14	
−25%未満	184	4.11	

④市場別取引データ

	取引回数	勝率	期待値	比率
東証1部	3213	60.94%	0.51%	71.77%
東証2部	324	43.83%	-1.78%	7.24%
マザーズ	199	53.27%	0.52%	4.44%
JASDAQ	741	52.09%	-1.11%	16.55%

⑤曜日別取引データ

曜日	取引回数	勝率	期待値	比率
月	798	56.89%	-0.01%	17.82%
火	909	55.89%	-0.61%	20.30%
水	898	56.46%	-0.07%	20.06%
木	933	59.91%	0.46%	20.84%
金	939	60.06%	0.71%	20.97%

⑥業種別取引データ

	取引回数	勝　率	平均利益	比　率
水産・農林業	21	71.43%	1.96%	0.47%
卸売業	268	57.84%	0.16%	5.99%
非鉄金属	35	62.86%	2.04%	0.78%
鉱業	21	71.43%	-1.91%	0.47%
建設業	192	53.13%	-0.84%	4.29%
不動産業	227	54.63%	-0.49%	5.07%
サービス業	548	57.85%	-0.46%	12.24%
機械	179	56.42%	0.42%	4.00%
食料品	86	58.14%	-1.52%	1.92%
情報・通信	655	57.10%	0.45%	14.63%
小売業	370	55.68%	0.10%	8.26%
繊維製品	63	47.62%	-2.09%	1.41%
化学	183	62.30%	0.45%	4.09%
輸送用機器	141	58.16%	0.34%	3.15%
金属製品	43	48.84%	-0.73%	0.96%
パルプ・紙	38	63.16%	1.41%	0.85%
電気機器	365	58.90%	0.03%	8.15%
医薬品	155	61.29%	1.47%	3.46%
精密機器	92	64.13%	-0.31%	2.05%
ゴム製品	22	68.18%	0.26%	0.49%
鉄鋼	45	57.78%	-0.04%	1.01%
その他製品	69	62.32%	0.37%	1.54%
その他金融業	138	59.42%	2.24%	3.08%
銀行業	143	59.44%	-0.13%	3.19%
証券業	103	62.14%	0.70%	2.30%
保険業	24	83.33%	4.94%	0.54%
陸運業	42	52.38%	-0.73%	0.94%
海運業	7	71.43%	-0.72%	0.16%
空運業	12	33.33%	-13.49%	0.27%
電気・ガス業	78	53.85%	0.21%	1.74%
石油・石炭製品	48	64.58%	-0.02%	1.07%
倉庫・運輸関連業	14	42.86%	-5.07%	0.31%
ガラス・土石製品	50	52.00%	-0.25%	1.12%
業種不明	0	0.00%	0.00%	0.00%

4）考察

最終リターンは約26％のプラスという結果となった。それぞれの指標単体での結果が長期間マイナスとなっていたことを考えると、この売買ルールもトレンドを加味したことによって成績が改善したと言えるだろう。勝率は約58％で、ペイオフレシオは引き続き「１」以下となっているため、この売買ルールはRCIが持つ逆張り型の特性を引き継いでいる。

ここまでトレンド系＋オシレーター系の組み合わせで３つの売買ルールを検証してきたが、そのいずれもオシレーター単体時と比較してリターンが改善したことから、短期的な逆張りの視点に長期トレンドの要素を加えることは有効だと言えるだろう。

収益率分布に関しては、RCI単体のケースと比較して両端の割合が少なくなり、０％以上５％未満の割合が増加している。これは先ほどまで見てきた「移動平均線によるトレンドフィルター」を追加したオシレーター系売買ルールと同じ傾向となっている。

市場別データでは、東証２部に加え、ジャスダックの期待値が大きなマイナスとなっている点が、先ほどまでのトレンド＋オシレーター系の売買ルールとは異なる。この傾向は興味深い。

また、曜日別取引データに関しては「200日移動平均線と14日RSI」のときと同じように、週末にかけて期待値が高くなっている。

～第５節～
オシレーターと乖離率を組み合わせた逆張り売買ルール

1）概要

移動平均線乖離率に他のテクニカル指標を追加した売買ルールは数多く公開されている。中でも今回は上昇時と下落時の出来高比率を表す「25日ボリュームレシオ」と、オシレーター系指標の「14日RSI」の２つを追加したものを検証する。

前章の検証では、25日移動平均線乖離率のみを用いて株価の買われすぎ･売られすぎを判定していたが、今回はいくつかのオシレーター系指標を追加することにより、移動平均線からの乖離率だけではなく出来高や平均値幅という観点も取り入れた、より確度の高い逆張り買いのポイントを見つけられる可能性がある。

また、今回の売り条件は25日移動平均線に戻るまで待つのではなく、逆張りの手法特性に合わせて、利益確定は早く、損切り幅は広く設定する。具体的には、仕掛けに使用した乖離（－20）の３分の１戻しである損益率（+7.5%）に利益確定を設定し、損切りについては利益確定に使用した含み益率よりも1.5倍大きい数字（－12%）に設定して、それぞれ手仕舞い売りを行う。

2）売買ルール（システムトレード的な条件）

①買い条件（仕掛け）

◎当日の25日ボリュームレシオが70より小さい

◎当日の14日RSIが25より小さい

◎１日前の25日移動平均線乖離率が－20より大きい

◎当日の25日移動平均線乖離率が－20より小さい

②売り条件（決済）

◎当日の評価損益率が7.5より大きい、または－12より小さい

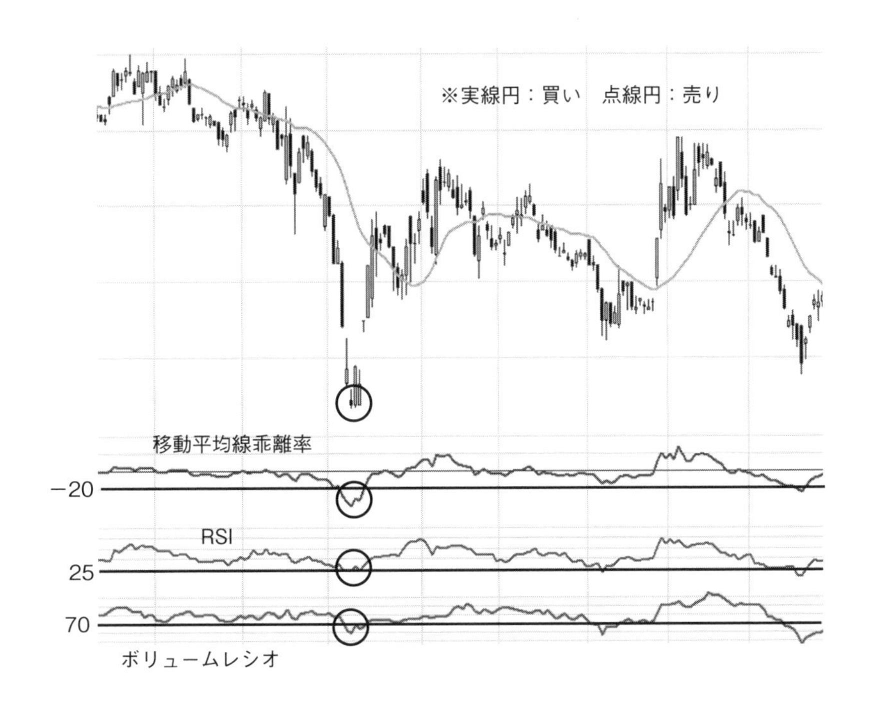

①買い条件
移動平均線乖離率が「−20」を下抜け＆RSIが「25」以下＆ボリュームレシオが「70」以下

②売り条件
評価損益率が「7.5」以上、もしくは「−12」以下

3）検証結果

①概要レポート

総取引回数	2043回	ペイオフレシオ	0.70倍（0.76倍）
平均保有期間	12.27日	期待値	-265円（0.39%）
最大保有期間	241日	最終運用資金（運用金額＋損益）	2457千円
最小保有期間	2日	利益率	-18.07%
勝率	58.35%	プロフィットファクター	0.98倍
平均利益	22845円C11.46%）	最大DD	4375千円（75.20%）
平均損失	32637円（15.13%）	最大DDからの回復日数	2825日
利益の標準偏差	21949円（7.31%）	最長DD期間	3590日
損失の標準偏差	23302円（7.21%）	約定率	99.90%

②成績推移グラフ

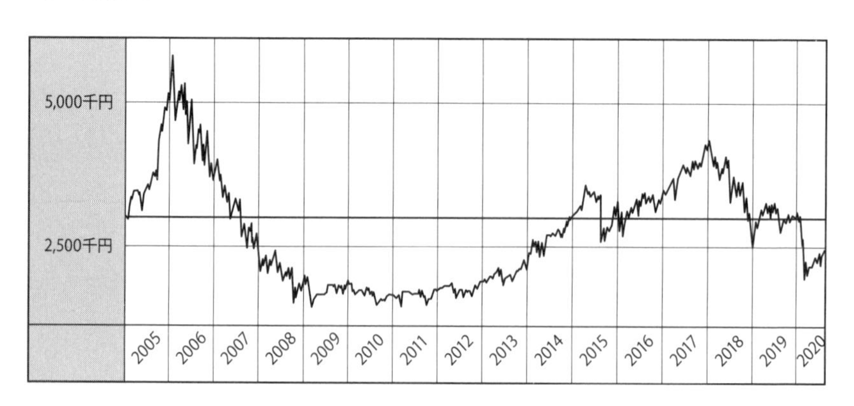

③収益率グラフ

取引ごとの収益率	取引数	比率(%)	取引比率グラフ(グラフ領域の最大:40.0%)
25%以上	41	2.01	
20%以上25%未満	35	1.71	
15%以上20%未満	102	4.99	
10%以上15%未満	428	20.95	
5%以上10%未満	531	25.99	
0%以上5%未満	55	2.69	
−5%以上 0未満	19	0.93	
−10%以上 −5%未満	53	2.59	
−15%以上 −10%未満	465	22.76	
−20%以上 −15%未満	221	10.82	
−25%以上 −20%未満	58	2.84	
−25%未満	35	1.71	

④市場別取引データ

	取引回数	勝　率	期待値	比　率
東証1部	1199	59.13%	0.12%	58.69%
東証2部	189	52.91%	-1.45%	9.25%
マザーズ	221	61.54%	1.78%	10.82%
JASDAQ	434	56.91%	1.21%	21.24%

⑤曜日別取引データ

曜　日	取引回数	勝　率	期待値	比　率
月	444	61.71%	1.66%	21.73%
火	442	55.43%	-0.52%	21.63%
水	392	57.40%	0.08%	19.19%
木	389	58.10%	-0.15%	19.04%
金	376	59.04%	0.85%	18.40%

⑥業種別取引データ

	取引回数	勝　率	平均利益	比　率
水産・農林業	3	66.67%	5.02%	0.15%
卸売業	96	48.96%	-1.90%	4.70%
非鉄金属	16	50.00%	-1.55%	0.78%
鉱業	9	66.67%	-2.17%	0.44%
建設業	59	64.41%	3.65%	2.89%
不動産業	142	49.30%	-1.94%	6.95%
サービス業	325	57.54%	0.00%	15.91%
機械	78	61.54%	0.59%	3.82%
食料品	16	62.50%	0.81%	0.78%
情報・通信	388	59.02%	0.55%	18.99%
小売業	155	61.29%	2.16%	7.59%
繊維製品	16	50.00%	-6.56%	0.78%
化学	61	59.02%	1.03%	2.99%
輸送用機器	44	54.55%	-2.26%	2.15%
金属製品	22	54.55%	-1.41%	1.08%
パルプ・紙	5	80.00%	2.69%	0.24%
電気機器	212	59.43%	1.35%	10.38%
医薬品	59	66.10%	3.92%	2.89%
精密機器	42	59.52%	0.52%	2.06%
ゴム製品	8	75.00%	4.02%	0.39%
鉄鋼	22	63.64%	1.60%	1.08%
その他製品	32	62.50%	0.90%	1.57%
その他金融業	71	61.97%	-0.21%	3.48%
銀行業	30	53.33%	-0.83%	1.47%
証券業	41	68.29%	2.99%	2.01%
保険業	12	66.67%	0.80%	0.59%
陸運業	5	20.00%	-9.74%	0.24%
海運業	10	50.00%	-4.58%	0.49%
空運業	6	66.67%	-0.31%	0.29%
電気・ガス業	20	50.00%	-2.32%	0.98%
石油・石炭製品	9	66.67%	4.93%	0.44%
倉庫・運輸関連業	7	28.57%	-9.03%	0.34%
ガラス・土石製品	21	66.67%	3.02%	1.03%
業種不明	1	0.00%	-20.63%	0.05%

4）考察

最終リターンは18％程度のマイナスという結果になった。勝率は約58％と半分を超えており、利益確定と損切りの設定比率によりペイオフレシオが「１」を下回っているため、この売買ルールは逆張り手法によく見られるような勝率重視の売買ルールだと言えるだろう。オシレーターの追加や手仕舞い条件設定のおかげか、乖離率のみを使用したシンプルな売買ルールと比較すると成績が改善している。

しかし、依然として、最終リターンはマイナスであるため、実際の運用に用いるためにはまだ改良が必要となるだろう。

収益率分布に関しては、設定した利益確定･損切りの水準に集中するような分布となっている。ばらつきが見られる理由は寄付ギャップによるものだろう。取引が集中している領域を見るとプラス側の割合が高いため、概要レポートにもある通り、高勝率の売買ルールであることがわかる。

市場別取引データでは、東証２部の期待値のみマイナスという結果となったため、実際の運用では急落が発生したとしても、東証２部の銘柄を安易に逆張りするのは控えたほうがよいのかもしれない。

曜日別取引データでは、週初と週末の期待値が高くなっている。

～第6節～
長期トレンドフィルターを加えた乖離率複合逆張り戦略

1）概要

この売買ルールでは、先ほど改良した25日移動平均線乖離率による逆張り型の手法をもう一段階改良してみる。具体的には、約1年間のトレンドを判定する200日移動平均線によるトレンドフィルターを加えて検証する。

25日移動平均線との距離や25日ボリュームレシオによって株価の短期的な買われすぎ･売られすぎを判断するという点は先の売買ルールと同じだが、今回の検証では株価が200日移動平均線の上に位置している場合のみ仕掛けを行う。これは「14日RSIによる売買ルール」に追加したのと同様のトレンドフィルターである。

このように、3カ月～1年間のスパンで算出されたテクニカル指標によるトレンドフィルターを加えることで、単なる短期的な売られすぎの局面ではなく、長期的に見て上昇トレンドの可能性が高い場合のみ仕掛けを行うことができるため、逆張り型売買ルールの勝率、およびリターンの高まりが期待できる。

2）売買ルール（システムトレード的な条件）

①買い条件（仕掛け）

◎当日の25日ボリュームレシオが70より小さい

◎当日の14日RSIが25より小さい

◎１日前の25日移動平均線乖離率が－20より大きい

◎当日の25日移動平均線乖離率が－20より小さい

◎当日の終値が当日の200日移動平均線より大きい

②売り条件（決済）

◎当日の評価損益率が7.5より大きい、または－12より小さい

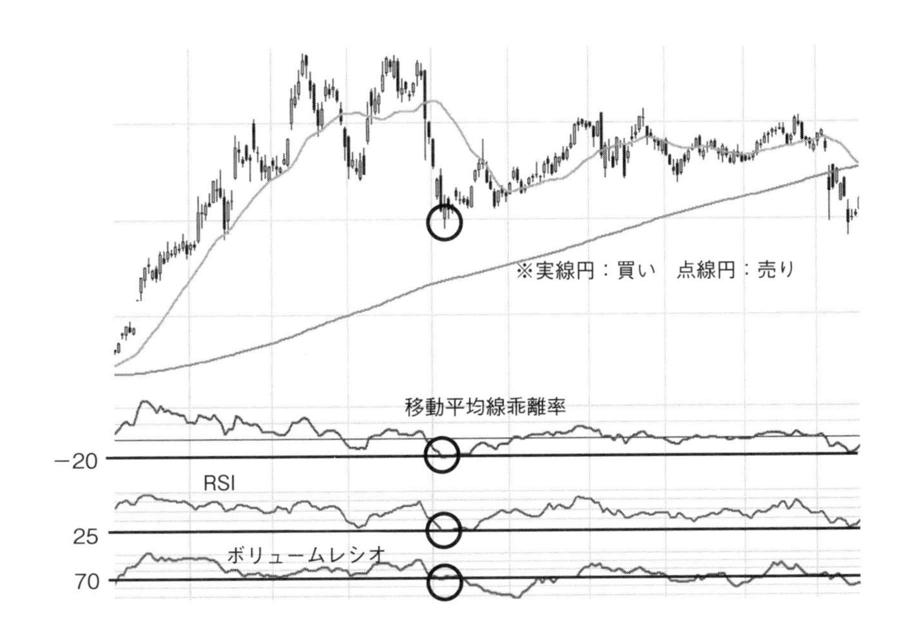

①買い条件
終値が200日移動平均線より上＆移動平均線乖離率が「－20」を下抜け＆RSIが「25」以下＆ボリュームレシオが「70」以下

②売り条件
評価損益率が「7.5」以上、もしくは「－12」以下

3）検証結果

①概要レポート

総取引回数	413回	ペイオフレシオ	0.75倍（0.82倍）
平均保有期間	9.80日	期待値	8868円（2.63%）
最大保有期間	67日	最終運用資金（運用金額＋損益）	6662千円
最小保有期間	2日	利益率	122.10%
勝率	65.38%	プロフィットファクター	1.41倍
平均利益	46405円（11.35%）	最大DD	1342千円（17.29%）
平均損失	62005円（13.85%）	最大DDからの回復日数	11日
利益の標準偏差	30255円（5.00%）	最長DD期間	323日
損失の標準偏差	34630円（5.10%）	約定率	100.00%

②成績推移グラフ

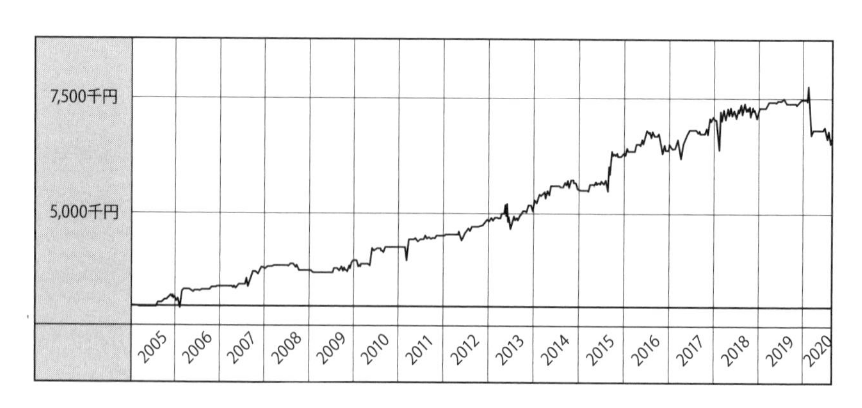

③収益率グラフ

取引ごとの収益率	取引数	比率(%)	取引比率グラフ(グラフ領域の最大:40.0%)
25%以上	9	2.18	
20%以上25%未満	9	2.18	
15%以上20%未満	26	6.30	
10%以上15%未満	98	23.73	
5%以上10%未満	118	28.57	
0%以上5%未満	10	2.42	
−5%以上 0未満	10	2.42	
−10%以上 −5%未満	10	2.42	
−15%以上 −10%未満	74	17.92	
−20%以上 −15%未満	34	8.23	
−25%以上 −20%未満	12	2.91	
−25%未満	3	0.73	

④市場別取引データ

	取引回数	勝　率	期待値	比　率
東証1部	213	71.83%	3.88%	51.57%
東証2部	52	55.77%	0.57%	12.59%
マザーズ	40	55.00%	-0.91%	9.69%
JASDAQ	108	61.11%	2.47%	26.15%

⑤曜日別取引データ

曜　日	取引回数	勝　率	期待値	比　率
月	94	72.34%	4.72%	22.76%
火	81	65.43%	3.00%	19.61%
水	74	58.11%	0.97%	17.92%
木	76	53.95%	-1.40%	18.40%
金	88	73.86%	4.94%	21.31%

⑥業種別取引データ

	取引回数	勝　率	平均利益	比　率
水産・農林業	0	0.00%	0.00%	0.00%
卸売業	19	47.37%	-0.89%	4.60%
非鉄金属	4	25.00%	-6.99%	0.97%
鉱業	1	100.00%	8.66%	0.24%
建設業	9	77.78%	7.88%	2.18%
不動産業	35	62.86%	2.29%	8.47%
サービス業	63	55.56%	0.56%	15.25%
機械	22	77.27%	6.64%	5.33%
食料品	2	0.00%	-22.38%	0.48%
情報・通信	81	64.20%	2.09%	19.61%
小売業	36	77.78%	5.52%	8.72%
繊維製品	2	100.00%	11.37%	0.48%
化学	19	73.68%	3.43%	4.60%
輸送用機器	6	50.00%	-2.58%	1.45%
金属製品	1	100.00%	16.21%	0.24%
パルプ・紙	0	0.00%	0.00%	0.00%
電気機器	47	65.96%	2.63%	11.38%
医薬品	13	61.54%	3.51%	3.15%
精密機器	5	40.00%	-4.64%	1.21%
ゴム製品	2	50.00%	-3.66%	0.48%
鉄鋼	6	83.33%	5.03%	1.45%
その他製品	9	66.67%	2.65%	2.18%
その他金融業	9	77.78%	4.95%	2.18%
銀行業	2	100.00%	10.56%	0.48%
証券業	9	77.78%	4.05%	2.18%
保険業	1	100.00%	7.49%	0.24%
陸運業	0	0.00%	0.00%	0.00%
海運業	3	66.67%	1.28%	0.73%
空運業	0	0.00%	0.00%	0.00%
電気・ガス業	1	100.00%	20.59%	0.24%
石油・石炭製品	2	50.00%	2.24%	0.48%
倉庫・運輸関連業	1	100.00%	17.71%	0.24%
ガラス・土石製品	3	100.00%	9.80%	0.73%
業種不明	0	0.00%	0.00%	0.00%

4）考察

最終リターンは約122％のプラスという結果になった。勝率は約65％とトレンドフィルターの追加によって改善しているが、引き続きペイオフレシオが「1」を下回っているため、この売買ルールも逆張り型の特性を持っていると言える。

トレンドフィルターの追加によって成績が大きく改善し、成績推移グラフも概ね右肩上がりに見えるようになっている。2020年３月の新型コロナ相場時などのように、定期的な落ち込みは見られるが、逆張り型の売買ルールでは一時的に大きい損失を出すこともあるため、個人的にはあまり気にならない。今後の成績推移が気になるものの、25日間における売られすぎと１年間のトレンドという組み合わせは、少なくとも過去の相場においてはある程度有効な手法だと言うことができるだろう。

また、収益率分布はトレンドフィルターを加える前と比べても、あまり変化は見られない。

トレンドフィルターを加える前とは異なり、市場別取引データでは、マザーズの期待値のみがマイナスとなっている。これはマザーズの銘柄が200日移動平均線の上で売り込まれる場合、それまで続いていた上昇トレンドの終焉を意味する可能性があること、つまり高値圏での安易な逆張りが適さないと考えられているからだろうと推測する。

曜日別取引データでは、木曜日のみマイナスの期待値となっている。

～第７節～

タートルズ・ブレイクアウト・システム

1）概要

ブレイクアウト手法とは、株価が一定期間の高値･安値を超えたポイントで、そのブレイクアウトの方向に沿ってポジションを取る売買ルールである。市場における高値･安値のブレイクアウトというのは大きなトレンドが発生する起点となる可能性がある。そのため、ブレイクアウトに沿って売買することで、実際にそのまま大きなトレンドが発生した場合には、大きな利益を得ることができる。

ブレイクアウト手法の歴史は古い。有名なところでは米国のリチャード･デニスによって育成され、伝説の投資集団と呼ばれた「タートルズ」も、このタイプの手法を用いたと言われている。

今回の検証では、過去75日以内に新高値ブレイクアウトが発生していない状況での新たなブレイクアウトを新規のブレイクアウトとして扱い、過去100日の高値を超えたポイントで買いの仕掛けを行う。また、この手法では損益率による売り条件は使用せず、過去20日間の安値を下方にブレイクするまでポジションを保有する。

2）売買ルール（システムトレード的な条件）

①買い条件（仕掛け）

◎過去75日以内に100日間高値をブレイクアウトした日が存在しない

◎当日の高値が過去100日間における最高値より大きい

②売り条件（決済）

◎当日の安値が過去20日間における安値より小さい

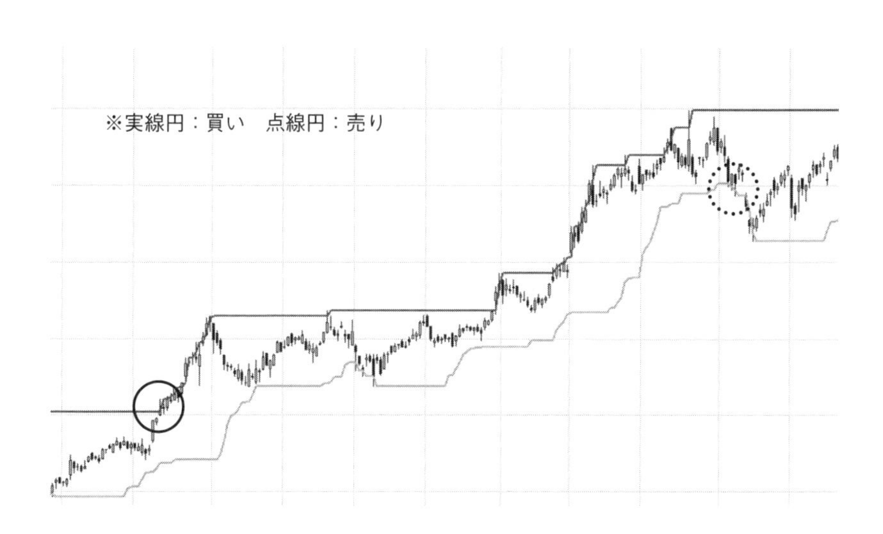

①買い条件（実線円）

過去75日以内に100日間高値のラインを超えていないときに、株価が100日間高値のラインを上抜け

②売り条件（点線円）

株価が20日間安値ラインを下抜け

3）検証結果

①概要レポート

総取引回数	1692回	ペイオフレシオ	1.89倍（2.65倍）
平均保有期間	35.41日	期待値	220円（3.31%）
最大保有期間	195日	最終運用資金（運用金額＋損益）	3372千円
最小保有期間	2日	利益率	12.41%
勝率	34.99%	プロフィットファクター	1.02倍
平均利益	34811円（31.72%）	最大DD	5242千円（86.86%）
平均損失	18396円（11.99%）	最大DDからの回復日数	1987日
利益の標準偏差	79482円（203.17%）	最長DD期間	3602日
損失の標準偏差	22841円（10.27%）	約定率	99.30%

②成績推移グラフ

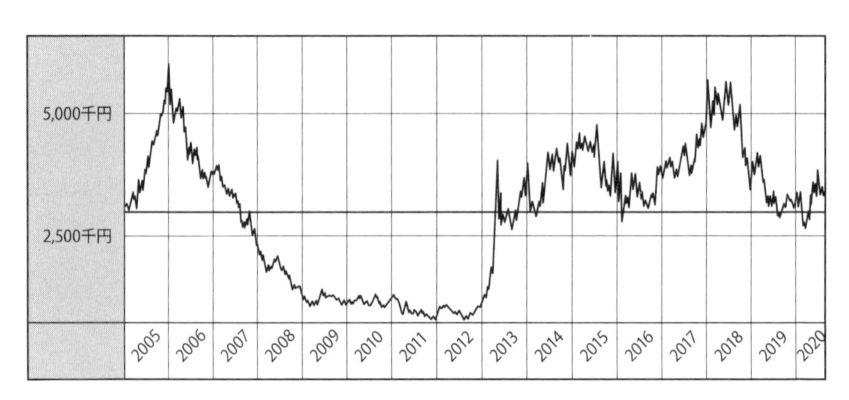

③収益率グラフ

取引ごとの収益率	取引数	比率(%)	取引比率グラフ(グラフ領域の最大:40.0%)
25%以上	163	9.63	
20%以上25%未満	27	1.60	
15%以上20%未満	53	3.13	
10%以上15%未満	66	3.90	
5%以上10%未満	105	6.21	
0%以上5%未満	178	10.52	
−5%以上 0未満	279	16.49	
−10%以上 −5%未満	327	19.33	
−15%以上 −10%未満	186	10.99	
−20%以上 −15%未満	116	6.86	
−25%以上 −20%未満	66	3.90	
−25%未満	126	7.45	

④市場別取引データ

	取引回数	勝　率	期待値	比　率
東証1部	1105	37.92%	1.88%	65.31%
東証2部	163	23.93%	-6.25%	9.63%
マザーズ	98	35.71%	3.33%	5.79%
JASDAQ	326	30.37%	12.92%	19.27%

⑤曜日別取引データ

曜　日	取引回数	勝　率	期待値	比　率
月	345	37.39%	2.85%	20.39%
火	348	37.64%	15.90%	20.57%
水	338	34.32%	-1.17%	19.98%
木	358	32.96%	-1.55%	21.16%
金	303	32.34%	0.15%	17.91%

⑥業種別取引データ

	取引回数	勝　率	平均利益	比　率
水産・農林業	9	33.33%	3.33%	0.53%
卸売業	97	29.90%	-0.48%	5.73%
非鉄金属	14	42.86%	5.77%	0.83%
鉱業	5	40.00%	-1.34%	0.30%
建設業	94	35.11%	4.18%	5.56%
不動産業	88	37.50%	-0.14%	5.20%
サービス業	215	35.81%	2.15%	12.71%
機械	76	30.26%	-1.10%	4.49%
食料品	42	26.19%	-4.48%	2.48%
情報・通信	250	36.00%	19.86%	14.78%
小売業	153	35.95%	-1.92%	9.04%
繊維製品	27	25.93%	-6.62%	1.60%
化学	84	26.19%	-3.54%	4.96%
輸送用機器	35	34.29%	4.38%	2.07%
金属製品	28	53.57%	2.93%	1.65%
パルプ・紙	4	50.00%	3.51%	0.24%
電気機器	135	33.33%	-0.75%	7.98%
医薬品	58	36.21%	8.63%	3.43%
精密機器	36	50.00%	-0.36%	2.13%
ゴム製品	7	14.29%	-5.79%	0.41%
鉄鋼	26	46.15%	4.28%	1.54%
その他製品	43	30.23%	-2.99%	2.54%
その他金融業	27	40.74%	1.72%	1.60%
銀行業	26	30.77%	-3.45%	1.54%
証券業	35	37.14%	3.36%	2.07%
保険業	3	66.67%	0.30%	0.18%
陸運業	19	31.58%	0.29%	1.12%
海運業	5	40.00%	-3.77%	0.30%
空運業	3	33.33%	57.18%	0.18%
電気・ガス業	19	63.16%	4.39%	1.12%
石油・石炭製品	6	33.33%	3.03%	0.35%
倉庫・運輸関連業	7	14.29%	-12.55%	0.41%
ガラス・土石製品	16	25.00%	-3.57%	0.95%
業種不明	0	0.00%	0.00%	0.00%

4）考察

最終リターンは12％程度のプラスとなった。タートルズ･ブレイクアウト・システムは長い歴史を持つ手法ではあるものの、すべての個別銘柄に単純に当てはめるだけでは、それほど大きなリターンを生むわけではないということだろう。この手法を実際に使えるようにするためには、期間設定の変更や長期トレンドフィルターの追加によって、売買ルールを改良する必要がありそうだ。

また、勝率35％程度でペイオフレシオが２倍近いことから、この手法は損小利大の特性を持っていることがわかる。

収益率分布に関しては順張りの型の特性上、全体的にマイナス域に集まっており、プラス域は25%以上の割合が大きくなっている。これはシグナルがダマシであった場合に小さい損失を出し、うまくトレンドに乗れたときに大きな利益を生むという順張り型の特性としっかり一致する。

市場別取引データではジャスダックへの期待値が圧倒的である。ジャスダックにもマザーズと同じく新興市場の要素があるため、順張りに適しているのは想像できるが、マザーズに比べてこれほど高いというのは驚きである。ブレイクアウトの順張りに合った値動きの傾向となっているのだろう。

また、曜日別取引データでは、火曜日の期待値が突出して高い。

～第8節～
ゴールデンクロスとブレイクアウトの複合売買ルール

1）概要

この手法では、先ほど検証したタートルズ・ブレイクアウト・システムの「一定期間の高値･安値のブレイクアウト」と「中長期移動平均線のゴールデンクロス」を組み合わせる。このように順張りのブレイクアウト手法に中長期移動平均線のゴールデンクロス･デッドクロスを組み合わせることで、より中長期的なトレンドに沿った売買ができるため、リターンの向上が期待される。

今回の検証では、75日移動平均線と200日移動平均線の位置関係を使用し、75日移動平均線が200日移動平均線の上にあるときのみ、100日高値ブレイクアウトで買いの仕掛けを行うことにする。

なお、売りの条件については機動的な手仕舞いを行うため、ブレイクアウト手法時と同じく、保有期間における20日間安値のブレイクアウトを使用する。

2）売買ルール（システムトレード的な条件）

①買い条件（仕掛け）

◎過去75日間以内に100日間高値をブレイクアウトした日が存在しない

◎当日の高値が過去100日間における高値より大きい

◎当日の75日移動平均線が当日の200日移動平均線より大きい

②売り条件（決済）

◎当日の安値が過去20日間における安値より小さい

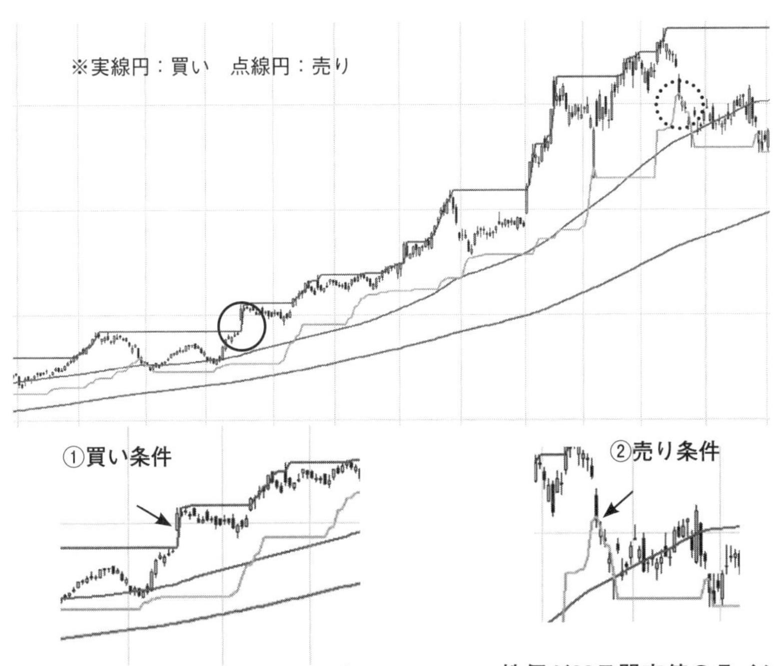

過去75日間以内に100日間高値をブレイクしていない条件のときに、75日移動平均線が200日移動平均線の上に位置している状態で、株価が100日間高値のラインを上抜け

株価が20日間安値のラインを下抜け

3）検証結果

①概要レポート

総取引回数	1351回	ペイオフレシオ	1.99倍（2.38倍）
平均保有期間	35.43日	期待値	4452円（2.69%）
最大保有期間	164日	最終運用資金（運用金額＋損益）	9015千円
最小保有期間	2日	利益率	200.51%
勝率	38.19%	プロフィットファクター	1.23倍
平均利益	62293円（21.98%）	最大DD	3628千円（52.23%）
平均損失	31291円（9.23%）	最大DDからの回復日数	480日
利益の標準偏差	114277円（30.63%）	最長DD期間	1954日
損失の標準偏差	36704円（7.90%）	約定率	99.70%

②成績推移グラフ

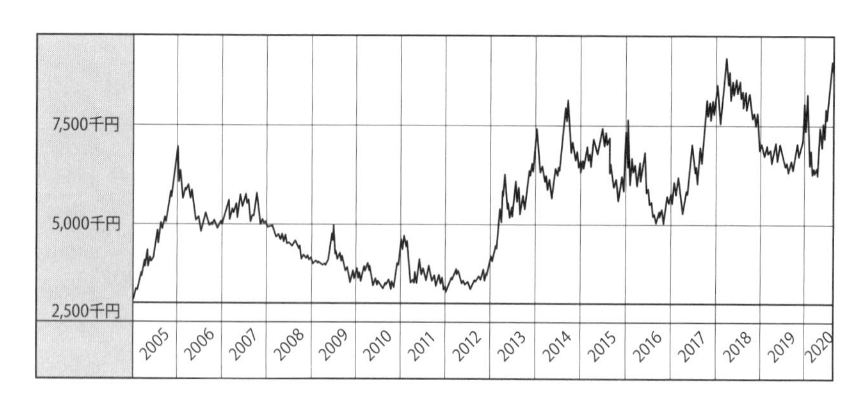

③収益率グラフ

取引ごとの収益率	取引数	比率(%)	取引比率グラフ(グラフ領域の最大:40.0%)
25%以上	139	10.29	
20%以上25%未満	30	2.22	
15%以上20%未満	45	3.33	
10%以上15%未満	57	4.22	
5%以上10%未満	103	7.62	
0%以上5%未満	142	10.51	
−5%以上 0未満	293	21.69	
−10%以上 −5%未満	257	19.02	
−15%以上 −10%未満	139	10.29	
−20%以上 −15%未満	61	4.52	
−25%以上 −20%未満	45	3.33	
−25%未満	40	2.96	

④市場別取引データ

	取引回数	勝　率	期待値	比　率
東証1部	1033	39.98%	3.19%	76.46%
東証2部	96	31.25%	1.61%	7.11%
マザーズ	41	34.15%	7.74%	3.03%
JASDAQ	181	32.60%	-0.75%	13.40%

⑤曜日別取引データ

曜　日	取引回数	勝　率	期待値	比　率
月	266	39.47%	2.19%	19.69%
火	244	40.57%	4.27%	18.06%
水	291	34.36%	2.11%	21.54%
木	282	36.88%	1.07%	20.87%
金	268	40.30%	4.13%	19.84%

⑥業種別取引データ

	取引回数	勝　率	平均利益	比　率
水産・農林業	6	50.00%	7.99%	0.44%
卸売業	75	32.00%	-1.41%	5.55%
非鉄金属	16	31.25%	-0.98%	1.18%
鉱業	5	60.00%	8.32%	0.37%
建設業	87	41.38%	2.59%	6.44%
不動産業	59	32.20%	7.18%	4.37%
サービス業	125	41.60%	6.53%	9.25%
機械	76	38.16%	2.27%	5.63%
食料品	45	48.89%	0.33%	3.33%
情報・通信	197	44.16%	2.72%	14.58%
小売業	118	33.90%	-0.57%	8.73%
繊維製品	14	21.43%	-3.08%	1.04%
化学	95	37.89%	3.45%	7.03%
輸送用機器	32	43.75%	8.03%	2.37%
金属製品	24	37.50%	1.73%	1.78%
パルプ・紙	5	20.00%	-9.48%	0.37%
電気機器	98	43.88%	4.13%	7.25%
医薬品	30	20.00%	2.67%	2.22%
精密機器	35	31.43%	-4.50%	2.59%
ゴム製品	5	0.00%	-7.80%	0.37%
鉄鋼	21	42.86%	2.71%	1.55%
その他製品	36	36.11%	1.89%	2.66%
その他金融業	21	38.10%	10.31%	1.55%
銀行業	21	19.05%	-5.48%	1.55%
証券業	8	25.00%	-1.72%	0.59%
保険業	6	16.67%	-5.92%	0.44%
陸運業	34	35.29%	2.53%	2.52%
海運業	7	57.14%	0.50%	0.52%
空運業	5	40.00%	34.00%	0.37%
電気・ガス業	19	47.37%	3.26%	1.41%
石油・石炭製品	4	50.00%	9.77%	0.30%
倉庫・運輸関連業	3	0.00%	-8.66%	0.22%
ガラス・土石製品	19	36.84%	10.99%	1.41%
業種不明	0	0.00%	0.00%	0.00%

4）考察

最終リターンは約201％のプラスとなった。成績推移のボラティリティは高いものの、概ね右肩上がりの推移となっているため、トレンドフィルターによって成績は改善したと言えるだろう。また元のタートルズ·ブレイクアウト・システムと同じく、勝率38％程度でペイオフレシオがほぼ2倍であることから、この手法は損小利大の特性を持っていることがわかる。

収益率分布に関してはタートルズ·ブレイクアウト・システムとほぼ同じ形状だが、－15％より大きい損失がかなり減少している。これは、中長期的なトレンドを加味することによって、極端に価格が逆行することが減少したためであろう。これ（価格の逆行の減少）によって、プラス域に見られる大きなリターンでドローダウンをカバーできるようになったと考えられる。

市場別取引データでは、元のタートルズ・ブレイクアウトとは異なり、一転してジャスダックの期待値のみがマイナスとなっている。この結果からは、JASDAQの場合、トレンドの初動期では強いものの、75日と200日の移動平均線がすでにゴールデンクロスしているようなトレンド中盤以降では、ブレイクアウトに適さない可能性があると考えられる。

また。曜日別取引データでは、木曜日に落ち込みが見られるものの、全体的にプラスの期待値となっている。

～第９節～
タートル・スープ戦略

１）概要

この戦略は「タートルズをやっつける（亀をスープにして食べてしまう）」という意味から名付けられた。具体的には、株価が一定期間の高値･安値を超えたところで、そのブレイクアウトとは反対方向にポジションを取る逆張りの売買ルールである。これは、ブレイクアウトに対して同じ方向に取引する「タートルズ･ブレイクアウト・システム」とは反対の手法である。

市場における一定期間における高値・安値のブレイクアウトは、ブレイクした方向への新たなトレンドの始まりを示すとされており、その方向に従って取引するのがよいとされている場合が多い。しかし、すべてのブレイクアウトが新たなトレンドを形成するとは限らない。事実、ブレイクアウトには、いわゆる「ダマシ」と呼ばれるものも存在する。ブレイクアウトにおける逆張り戦略は、こうしたダマシのブレイクアウトから利益を得ようとするものである。

今回は仕掛けの基準日数として20日を使用し、株価が一定期間における安値を下抜けたポイントで買いを行う。売りの条件に関しては、ダマシのブレイクアウトによる短期的な反発を狙う戦略のため、５日間高値を超えたポイントとする。

2）売買ルール（システムトレード的な条件）

①買い条件（仕掛け）

◎過去４日間以内に20日間安値をブレイクアウトした日が存在しない

◎当日の安値が20日間安値より小さい

◎過去４日間で当日の値幅が一番大きい

②売り条件（決済）

◎当日の高値が５日間高値より大きい

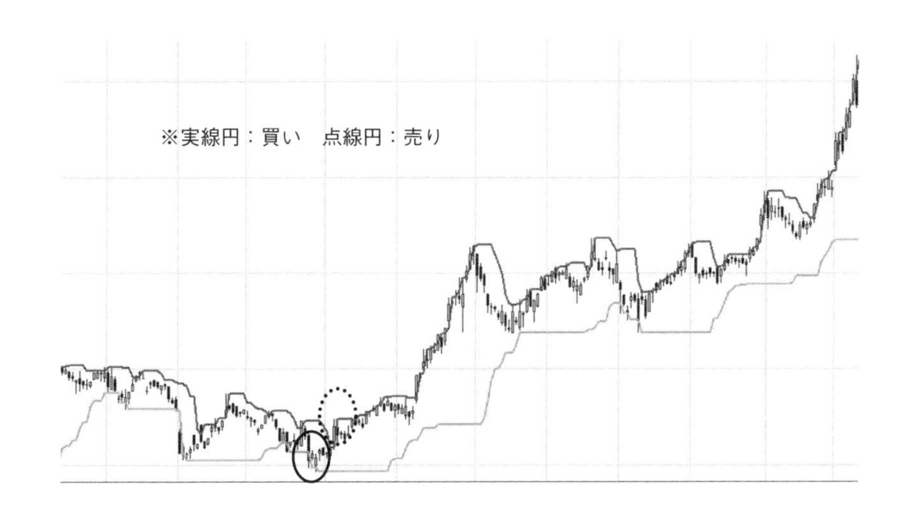

①買い条件

株価が20日間安値のラインを下抜け

②売り条件

株価が５日間高値のラインを上抜け

※198ページにて、拡大チャートで補足しています

3）検証結果

①概要レポート

総取引回数	5778回	ペイオフレシオ	0.68倍（0.67倍）
平均保有期間	9.90日	期待値	-324円（-0.34%）
最大保有期間	53日	最終運用資金（運用金額＋損益）	1122千円
最小保有期間	1日	利益率	-62.58%
勝率	56.96%	プロフィットファクター	0.90倍
平均利益	5111円（4.89%）	最大DD	3731千円（81.28%）
平均損失	7518円（7.26%）	最大DDからの回復日数	133日
利益の標準偏差	9502円（13.03%）	最長DD期間	3542日
損失の標準偏差	12927円（10.82%）	約定率	99.91%

②成績推移グラフ

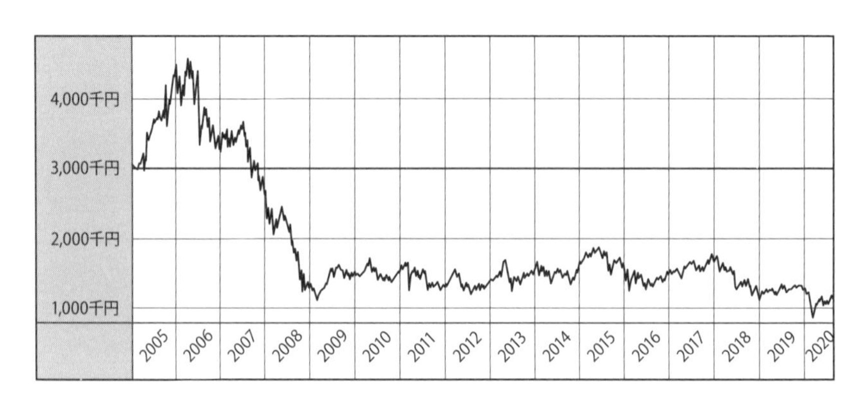

③収益率グラフ

取引ごとの収益率	取引数	比率（%）	取引比率グラフ（グラフ領域の最大：40.0%）
25%以上	42	0.73	
20%以上25%未満	23	0.40	
15%以上20%未満	64	1.11	
10%以上15%未満	191	3.31	
5%以上10%未満	669	11.58	
0%以上5%未満	2302	39.84	
−5%以上 0未満	1435	24.84	
−10%以上 −5%未満	511	8.84	
−15%以上 −10%未満	246	4.26	
−20%以上 −15%未満	110	1.90	
−25%以上 −20%未満	56	0.97	
−25%未満	129	2.23	

④市場別取引データ

	取引回数	勝　率	期待値	比　率
東証1部	4654	58.29%	-0.15%	80.55%
東証2部	334	48.20%	-1.15%	5.78%
マザーズ	199	50.75%	-0.78%	3.44%
JASDAQ	591	53.47%	-1.25%	10.23%

⑤曜日別取引データ

曜　日	取引回数	勝　率	期待値	比　率
月	1019	57.70%	-0.12%	17.64%
火	1179	58.44%	-0.62%	20.40%
水	1200	55.50%	-0.17%	20.77%
木	1144	56.73%	0.05%	19.80%
金	1236	56.55%	-0.68%	21.39%

⑥業種別取引データ

	取引回数	勝　率	平均利益	比　率
水産・農林業	34	70.59%	0.94%	0.59%
卸売業	297	53.87%	-1.55%	5.14%
非鉄金属	59	57.63%	0.68%	1.02%
鉱業	25	48.00%	-3.28%	0.43%
建設業	316	62.03%	0.39%	5.47%
不動産業	295	49.49%	-2.31%	5.11%
サービス業	614	58.31%	0.13%	10.63%
機械	225	60.44%	-0.29%	3.89%
食料品	148	52.03%	-0.54%	2.56%
情報・通信	686	58.31%	-0.29%	11.87%
小売業	567	56.08%	-0.19%	9.81%
繊維製品	74	52.70%	-2.02%	1.28%
化学	263	64.64%	0.06%	4.55%
輸送用機器	179	56.42%	-1.02%	3.10%
金属製品	55	60.00%	1.33%	0.95%
パルプ・紙	35	60.00%	-0.76%	0.61%
電気機器	530	54.72%	-0.92%	9.17%
医薬品	212	55.66%	0.44%	3.67%
精密機器	89	61.80%	-1.63%	1.54%
ゴム製品	27	51.85%	-2.46%	0.47%
鉄鋼	44	54.55%	-0.46%	0.76%
その他製品	122	65.57%	0.94%	2.11%
その他金融業	176	57.39%	-0.09%	3.05%
銀行業	223	58.30%	-0.13%	3.86%
証券業	147	44.90%	-1.61%	2.54%
保険業	18	77.78%	3.38%	0.31%
陸運業	50	50.00%	-1.19%	0.87%
海運業	11	72.73%	7.38%	0.19%
空運業	14	50.00%	-6.92%	0.24%
電気・ガス業	108	50.93%	-0.68%	1.87%
石油・石炭製品	63	57.14%	-0.31%	1.09%
倉庫・運輸関連業	16	68.75%	38.70%	0.28%
ガラス・土石製品	55	58.18%	0.59%	0.95%
業種不明	1	0.00%	-52.76%	0.02%

4）考察

最終リターンは約63％のマイナスという結果となった。データ的には勝率が約57％でペイオフレシオが「１」を下回っているため、手法のコンセプト通り、逆張り型の特性を有していると言える。全体相場の状況によらず長期間元本割れとなっているため、売買ルールの改良が必要だろう。オシレーター系指標を使用した場合もそうであったが、逆張り型の売買ルールはトレンドフィルターを追加することで成績が改善する可能性があるため、次の検証ではそれを試してみたい。

収益率分布に関しては、概ね「０％」付近を中心に分布しており、極端なリターンほど出現割合が低くなっている。０％以上５％未満の割合が一番大きいのは、短期的な反発による小さなリターンが多く発生しているためだと考えられる。

市場別取引データでは、全市場がマイナスとなっている。中でも、ジャスダックと東証２部の期待値が低くなっている。これらの市場では、一定期間における安値ラインを割り込んだ銘柄を逆張りで狙うことはやめたほうがよいかもしれない。

曜日別取引データでは、木曜日だけがほぼプラスマイナスゼロの期待値となっている。他はすべてマイナスという結果になった。

～第10節～

トレンド判定付き タートル・スープ戦略

1） 概要

これは「タートル・スープ戦略」に長期トレンドの要素を加えた売買ルールになる。ブレイクアウトと同じ方向に仕掛ける「タートルズ・ブレイクアウト・システム」にも似たようなフィルターを追加したが、逆張り型の売買ルールであるこちらにも、トレンドフィルターを追加してみたい。

基本的に、使用する売買シグナルはタートル・スープ戦略と同じだが、200日移動平均線の上に位置しているときのみ仕掛けることにする。こうすることで、上昇トレンドの可能性が高い部分の切り出しを図るわけである。

同じようなフィルターを追加した逆張り型の「オシレーター付き25日移動平均線乖離率逆張り戦略」（150ページ）では、きれいな右肩上がりのグラフとなったが、この売買ルールに関してもそのような変化が見られるかどうか注目したい。

2）売買ルール（システムトレード的な条件）

①買い条件（仕掛け）

◎過去４日間以内に20日間安値をブレイクアウトした日が存在しない

◎当日の安値が20日間安値より小さい

◎過去４日間で当日の値幅が一番大きい

◎当日の終値が当日の200日移動平均線より大きい

②売り条件（決済）

◎当日の高値が５日間高値より大きい

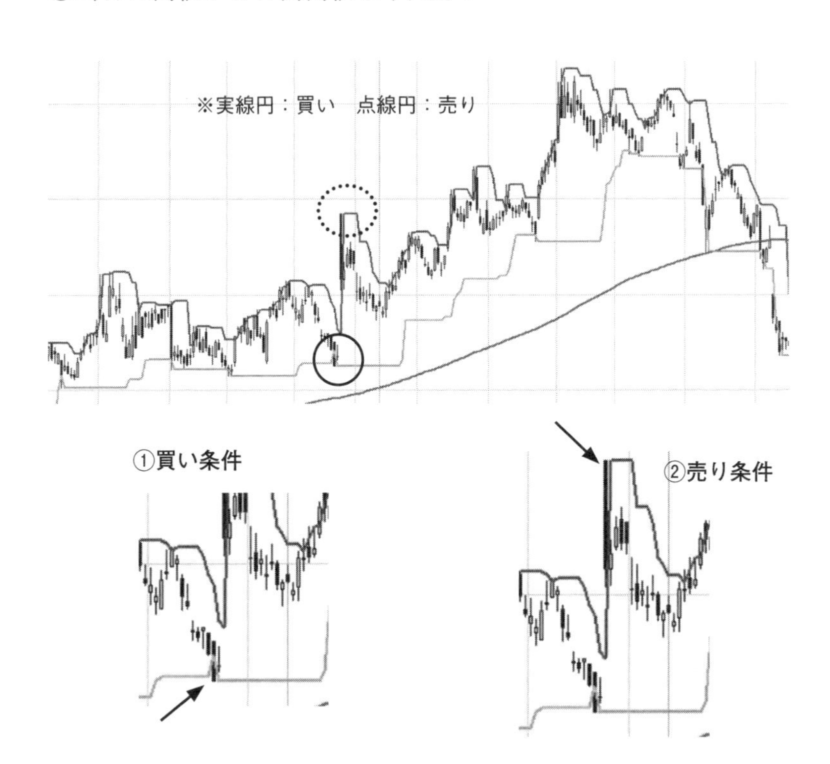

3）検証結果

①概要レポート

総取引回数	4737回	ペイオフレシオ	0.68倍（0.70倍）
平均保有期間	9.79日	期待値	-197円（-0.04%）
最大保有期間	68日	最終運用資金（運用金額＋損益）	2064千円
最小保有期間	1日	利益率	-31.19%
勝率	58.35%	プロフィットファクター	0.95倍
平均利益	6747円（4.40%）	最大DD	2410千円（59.86%）
平均損失	9926円（6.25%）	最大DDからの回復日数	132日
利益の標準偏差	9497円（5.48%）	最長DD期間	3237日
損失の標準偏差	13230円（7.49%）	約定率	99.89%

②成績推移グラフ

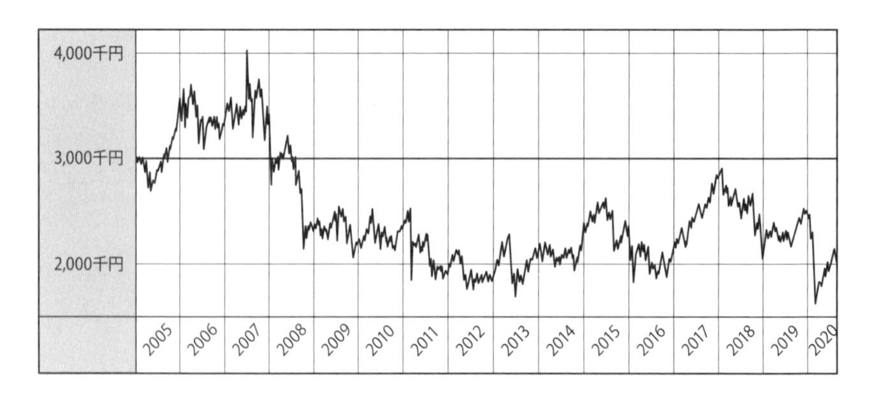

③収益率グラフ

取引ごとの収益率	取引数	比率（%）	取引比率グラフ（グラフ領域の最大：40.0%）
25%以上	19	0.40	
20%以上25%未満	15	0.32	
15%以上20%未満	46	0.97	
10%以上15%未満	155	3.27	
5%以上10%未満	576	12.16	
0%以上5%未満	1953	41.23	
−5%以上 0未満	1165	24.59	
−10%以上 −5%未満	413	8.72	
−15%以上 −10%未満	200	4.22	
−20%以上 −15%未満	87	1.84	
−25%以上 −20%未満	44	0.93	
−25%未満	64	1.35	

④市場別取引データ

	取引回数	勝　率	期待値	比　率
東証1部	3901	59.22%	-0.01%	82.35%
東証2部	227	46.26%	-0.72%	4.79%
マザーズ	139	56.12%	-0.34%	2.93%
JASDAQ	470	57.66%	0.16%	9.92%

⑤曜日別取引データ

曜　日	取引回数	勝　率	期待値	比　率
月	864	56.37%	-0.08%	18.24%
火	960	59.79%	0.10%	20.27%
水	987	58.05%	0.49%	20.84%
木	949	58.06%	-0.17%	20.03%
金	977	59.26%	-0.45%	20.62%

⑥業種別取引データ

	取引回数	勝　率	平均利益	比　率
水産・農林業	33	66.67%	0.96%	0.70%
卸売業	279	52.69%	-0.47%	5.89%
非鉄金属	52	61.54%	1.40%	1.10%
鉱業	16	68.75%	2.58%	0.34%
建設業	259	57.53%	0.06%	5.47%
不動産業	193	57.51%	-0.04%	4.07%
サービス業	500	64.00%	1.17%	10.56%
機械	226	62.83%	0.50%	4.77%
食料品	165	53.33%	0.04%	3.48%
情報・通信	570	59.82%	0.21%	12.03%
小売業	495	58.18%	-0.35%	10.45%
繊維製品	67	55.22%	1.09%	1.41%
化学	243	60.08%	-0.09%	5.13%
輸送用機器	128	62.50%	-0.72%	2.70%
金属製品	64	59.38%	-0.44%	1.35%
パルプ・紙	30	66.67%	-0.08%	0.63%
電気機器	416	56.01%	-0.96%	8.78%
医薬品	153	60.13%	0.40%	3.23%
精密機器	102	62.75%	0.83%	2.15%
ゴム製品	31	67.74%	0.66%	0.65%
鉄鋼	49	53.06%	-1.36%	1.03%
その他製品	113	54.87%	-0.03%	2.39%
その他金融業	91	47.25%	-1.75%	1.92%
銀行業	109	59.63%	-0.67%	2.30%
証券業	80	45.00%	-1.49%	1.69%
保険業	17	47.06%	-5.04%	0.36%
陸運業	61	52.46%	-1.05%	1.29%
海運業	12	41.67%	2.08%	0.25%
空運業	4	75.00%	0.49%	0.08%
電気・ガス業	83	55.42%	-0.24%	1.75%
石油・石炭製品	27	48.15%	-2.55%	0.57%
倉庫・運輸関連業	19	68.42%	0.72%	0.40%
ガラス・土石製品	50	60.00%	1.36%	1.06%
業種不明	0	0.00%	0.00%	0.00%

4）考察

最終リターンは約31％のマイナスという結果となった。データ的には勝率が約58％でペイオフレシオが「１」を下回っているため、トレンドフィルターを加えても、引き続き、逆張り型の特性を有していると言える。トレンドフィルターを加えることで最終リターンは改善したが、やはり2008年以降、元本を回復することができていない。実際の運用で使用できるようにするには、仕掛けに使用する指標の期間設定や移動平均線の日数など、さらなる改良をする必要があるということだろう。

収益率分布に関しては、概ね基本となるタートル·スープ戦略と同じような形状となっているが、－25％未満の損失が発生する割合が減少した。これはトレンドフィルターの追加によって、価格が大きく逆行する可能性が減少したためであろう。

市場別取引データでは、元のタートルスープ戦略と比較して、ジャスダック市場の期待値が改善した。「ゴールデンクロスとブレイクアウトの複合売買ルール」では、トレンドフィルターを加えることで期待値が低下した市場だが、逆に今回の売買ルールでは期待値が改善したことを考えると、ジャスダック市場はトレンド中期以降では反発を期待しやすいのかもしれない。

曜日別取引データでは、火曜日と水曜日の期待値がわずかなプラスとなった。

～第 11 節～
魔術師リンダの「聖杯」トレード戦略

1）概要

この手法は『魔術師リンダ·ラリーの短期売買入門』（パンローリング）という書籍の中で「聖杯」という名前で紹介されている。投資の世界では、どのような市場でも利益を上げることができる聖杯など存在しないというのが定説であるが、それでもこのような名前がつけられるということは、それだけ適応可能な相場環境の幅が広いということであろう。

この手法は「押し目買い」の売買ルールであり、ADXと上向きの20日の指数移動平均線でトレンドを判定し、ローソク足を使用して押し·戻りを定義する。そして、直近の高値·安値のブレイクを目安として手仕舞いを行う。この際、どの程度の期間設定で目標となる高値·安値を設定するかは、トレーダーの取引スタイルによって異なる。

今回は買い仕掛けの条件としてはADXと、20日指数移動平均線で判定を行い、売りの条件については直近10日間の高値·安値を基準として利益確定と損切りを行う短期的な売買ルールを検証する。

2）売買ルール（システムトレード的な条件）

①買い条件（仕掛け）

◎当日のADXが30より大きい

◎３日連続で当日の20日指数移動平均線が１日前の20日指数移動平均線より大きい

◎１日前の安値が１日前の20日指数移動平均線以下

◎当日の終値が当日の20日指数移動平均線より大きい

②売り条件（決済）

◎当日の高値が１日前の10日間高値より大きい、または当日の安値が当日の10日間安値より小さい

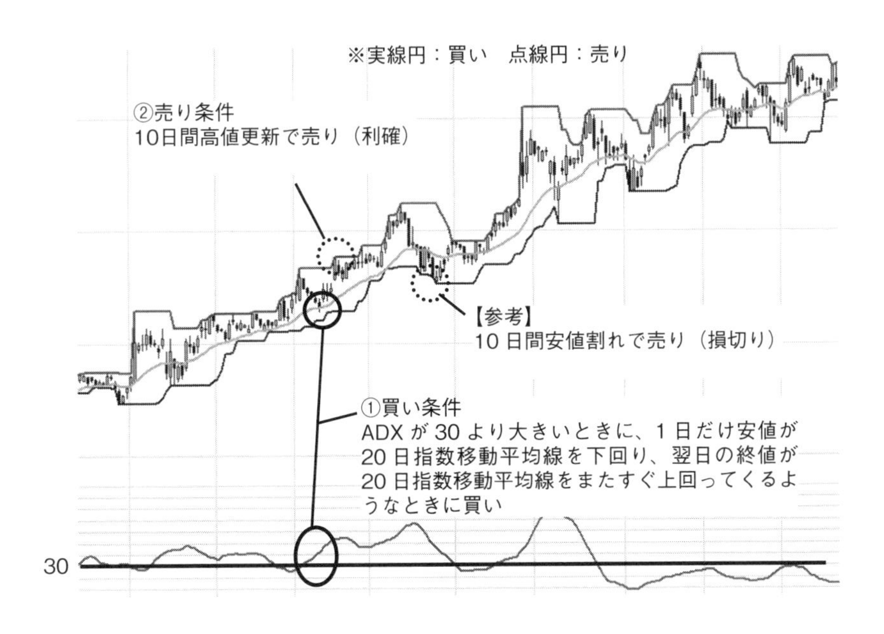

3）検証結果

①概要レポート

総取引回数	9044回	ペイオフレシオ	0.95倍（1.03倍）
平均保有期間	5.62日	期待値	-289円（-0.19%）
最大保有期間	34日	最終運用資金（運用金額＋損益）	382千円
最小保有期間	1日	利益率	-87.26%
勝率	47.80%	プロフィットファクター	0.87倍
平均利益	4210円（6.62%）	最大DD	3549千円（91.04%）
平均損失	4410円（6.42%）	最大DDからの回復日数	13日
利益の標準偏差	8310円（14.37%）	最長DD期間	3603日
損失の標準偏差	7286円（6.88%）	約定率	99.83%

②成績推移グラフ

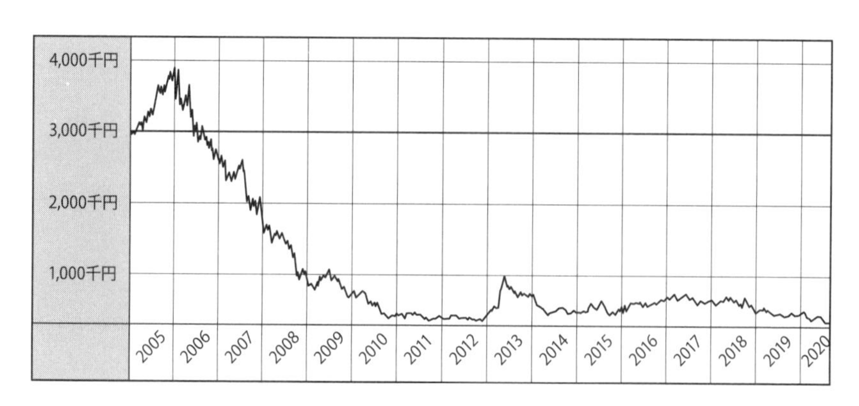

③収益率グラフ

取引ごとの収益率	取引数	比率(%)	取引比率グラフ(グラフ領域の最大:40.0%)
25%以上	175	1.93	
20%以上25%未満	91	1.01	
15%以上20%未満	171	1.89	
10%以上15%未満	339	3.75	
5%以上10%未満	834	9.22	
0%以上5%未満	2713	30.00	
−5%以上 0未満	2554	28.24	
−10%以上 −5%未満	1127	12.46	
−15%以上 −10%未満	561	6.20	
−20%以上 −15%未満	257	2.84	
−25%以上 −20%未満	128	1.42	
−25%未満	94	1.04	

④市場別取引データ

	取引回数	勝　率	期待値	比　率
東証1部	6017	50.22%	-0.16%	66.53%
東証2部	971	39.65%	-0.44%	10.74%
マザーズ	366	49.45%	-0.30%	4.05%
JASDAQ	1690	43.49%	-0.09%	18.69%

⑤曜日別取引データ

曜　日	取引回数	勝　率	期待値	比　率
月	1626	45.57%	-0.38%	17.98%
火	1947	49.20%	-0.34%	21.53%
水	1805	45.98%	-0.61%	19.96%
木	1820	50.16%	0.15%	20.12%
金	1846	47.72%	0.31%	20.41%

⑥業種別取引データ

	取引回数	勝 率	平均利益	比 率
水産・農林業	36	69.44%	0.73%	0.40%
卸売業	541	44.73%	-0.25%	5.98%
非鉄金属	100	41.00%	0.59%	1.11%
鉱業	34	29.41%	-3.23%	0.38%
建設業	541	45.84%	-0.30%	5.98%
不動産業	628	43.15%	-0.10%	6.94%
サービス業	1136	48.06%	-0.57%	12.56%
機械	314	51.27%	0.00%	3.47%
食料品	154	53.90%	0.19%	1.70%
情報・通信	1229	49.31%	0.07%	13.59%
小売業	751	44.21%	1.07%	8.30%
繊維製品	182	42.31%	0.07%	2.01%
化学	360	56.39%	0.15%	3.98%
輸送用機器	190	50.00%	-1.38%	2.10%
金属製品	103	37.86%	-0.65%	1.14%
パルプ・紙	83	50.60%	-0.74%	0.92%
電気機器	703	49.93%	-0.69%	7.77%
医薬品	243	52.26%	0.34%	2.69%
精密機器	146	48.63%	-0.43%	1.61%
ゴム製品	31	45.16%	-1.55%	0.34%
鉄鋼	77	54.55%	-0.28%	0.85%
その他製品	161	46.58%	-0.36%	1.78%
その他金融業	357	47.62%	-0.77%	3.95%
銀行業	284	48.59%	-0.49%	3.14%
証券業	286	46.85%	-0.40%	3.16%
保険業	14	57.14%	0.29%	0.15%
陸運業	39	61.54%	0.57%	0.43%
海運業	18	38.89%	-0.61%	0.20%
空運業	10	70.00%	2.18%	0.11%
電気・ガス業	80	53.75%	0.58%	0.88%
石油・石炭製品	73	35.62%	-1.24%	0.81%
倉庫・運輸関連業	23	43.48%	-2.23%	0.25%
ガラス・土石製品	117	47.01%	-0.47%	1.29%
業種不明	0	0.00%	0.00%	0.00%

4）考察

最終リターンは約87%のマイナスと、資産をほぼ失ってしまう結果となった。勝率は約48%で、ペイオフレシオはほぼ「1」となっている。今までの手法は勝率とペイオフレシオの傾向から順張り・逆張りの特性がわかりやすかったが、これはちょうどその中間的な特性の手法と言えそうである。

注目すべきは総取引回数だ。9000回を超えている。このことから、MACDやストキャスティクス単体の売買ルールと同様の問題を抱えていることがわかる。この手法で利益を出すためにはただ盲目的にシグナルに従うだけでは不十分で、発生したシグナルを運用者の手でさらに選別する必要があるということだろう。

収益率分布を見てみると、概ね「0」付近を中心に分布している。－25%未満のマイナス域と比べて、25%域の割合が大きくなっているのは、指数移動平均線やADXを用いて上昇トレンドに乗ることを意識しているためだろう。

市場別取引データには目立った傾向は見られないものの、すべてがマイナスという結果となった。

また、曜日別取引データでは、週末にかけて期待値がプラスとなっている。

～第12節～
ADXとボラティリティによる短期押し目買い戦略

1）概要

この手法は５～10日間の投資期間で取引を行う「スイングトレード」用の売買ルールである。

短期トレードでは、ボラティリティの高い銘柄のほうが期間内に大きな利益を期待できるため、この手法では「過去50日のヒストリカルボラティリティが40以上」という条件を加えることで、ボラティリティの高い銘柄に絞って取引を行う。

買いのカギとなる指標は「14日DMI」と「100日間高値からの下落率」の２つである。14日DMIでトレンドを判定し、100日間高値から－20％以内を高値圏とする。さらに、連続で株価が下落したときは反発する可能性が高いと考えられるため、上で定義した高値圏の銘柄が２日連続で下落したポイントで仕掛けを行う。

売りの条件に関しては、評価損益率－15％に損切りを設定し、そのストップに引っかからない場合は保有期間８日経過で手仕舞いするタイムストップを設定する。

2）売買ルール（システムトレード的な条件）

①買い条件（仕掛け）

◎過去10日以内に高値が100日間高値をブレイクアウトした日が存在

◎当日の終値が100日間高値から－20％以内

◎当日の14日＋DIが当日の14日－DIより大きい

◎当日のADXが１日前のADXより大きい

◎当日の50日ヒストリカルボラティリティが40以上

◎終値が２日連続で下落

②売り条件（決済）

◎当日の評価損益率が－15より小さい、または保有期間が８より大きい

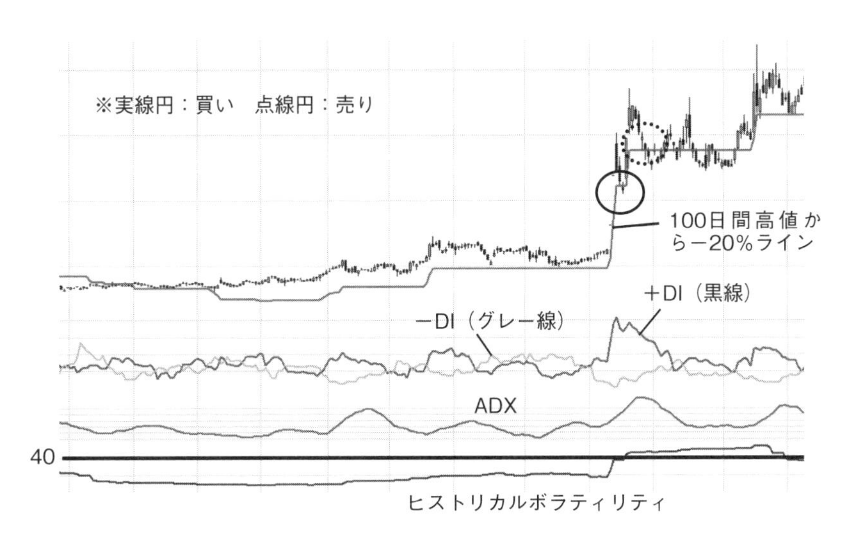

①買い条件

株価が100日間高値から－20％のラインの上に位置している状態＆ADXが上昇＆14日間＋DIが14日間－DIの上に位置している状態＆ヒストリカルボラティリティが「40」以上＆株価が2日連続で下落

②売り条件

８日経過で売り。または、損益率「－15（％）」で売り

3） 検証結果

①概要レポート

総取引回数	7058回	ペイオフレシオ	1.27倍（1.39倍）
平均保有期間	8.78日	期待値	7222円（0.94%）
最大保有期間	12日	最終運用資金（運用金額＋損益）	53975千円
最小保有期間	1日	利益率	1699.20%
勝率	47.28%	プロフィットファクター	1.14倍
平均利益	126062円（9.94%）	最大DD	32614千円（48.07%）
平均損失	99353円（7.13%）	最大DDからの回復日数	115日
利益の標準偏差	288293円（13.40%）	最長DD期間	873日
損失の標準偏差	172436円（5.98%）	約定率	99.87%

②成績推移グラフ

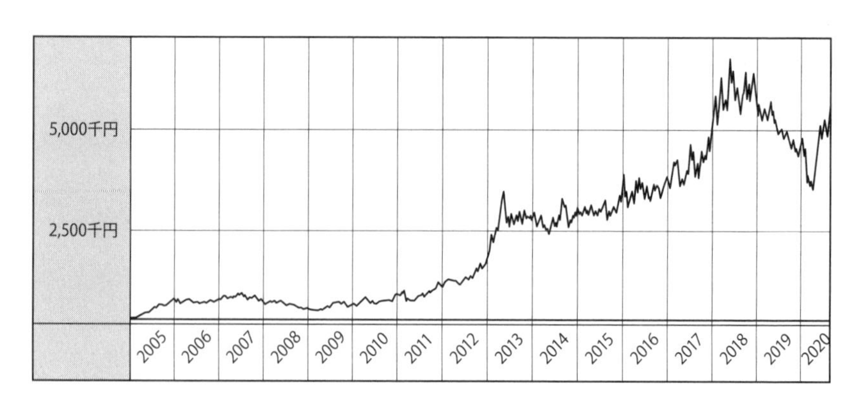

③収益率グラフ

取引ごとの収益率	取引数	比率(%)	取引比率グラフ（グラフ領域の最大：40.0%）
25%以上	257	3.64	
20%以上25%未満	145	2.05	
15%以上20%未満	223	3.16	
10%以上15%未満	461	6.53	
5%以上10%未満	817	11.58	
0%以上5%未満	1434	20.32	
−5%以上 0未満	1719	24.36	
−10%以上 −5%未満	1051	14.89	
−15%以上 −10%未満	498	7.06	
−20%以上 −15%未満	328	4.65	
−25%以上 −20%未満	88	1.25	
−25%未満	37	0.52	

④市場別取引データ

	取引回数	勝　率	期待値	比　率
東証1部	4723	49.31%	0.94%	66.92%
東証2部	543	43.46%	0.59%	7.69%
マザーズ	506	46.64%	2.57%	7.17%
JASDAQ	1286	41.68%	0.45%	18.22%

⑤曜日別取引データ

曜　日	取引回数	勝　率	期待値	比　率
月	1254	47.37%	0.71%	17.77%
火	1408	47.23%	0.86%	19.95%
水	1519	50.30%	1.28%	21.52%
木	1467	46.22%	1.16%	20.78%
金	1410	45.11%	0.66%	19.98%

⑥業種別取引データ

	取引回数	勝　率	平均利益	比　率
水産・農林業	9	33.33%	-1.29%	0.13%
卸売業	340	43.82%	0.09%	4.82%
非鉄金属	83	49.40%	-0.16%	1.18%
鉱業	22	54.55%	0.86%	0.31%
建設業	324	45.68%	0.82%	4.59%
不動産業	265	52.45%	2.70%	3.75%
サービス業	1022	48.34%	1.56%	14.48%
機械	500	44.60%	0.49%	7.08%
食料品	92	46.74%	0.37%	1.30%
情報・通信	1206	46.43%	1.28%	17.09%
小売業	535	51.03%	1.53%	7.58%
繊維製品	84	39.29%	-1.01%	1.19%
化学	293	44.37%	-0.30%	4.15%
輸送用機器	199	48.24%	0.33%	2.82%
金属製品	109	45.87%	0.08%	1.54%
パルプ・紙	30	46.67%	0.37%	0.43%
電気機器	732	51.64%	1.17%	10.37%
医薬品	174	48.28%	3.41%	2.47%
精密機器	135	34.81%	-1.07%	1.91%
ゴム製品	31	58.06%	1.84%	0.44%
鉄鋼	112	46.43%	-0.72%	1.59%
その他製品	138	42.03%	1.37%	1.96%
その他金融業	120	46.67%	1.01%	1.70%
銀行業	76	43.42%	-1.03%	1.08%
証券業	118	46.61%	-0.03%	1.67%
保険業	19	63.16%	3.24%	0.27%
陸運業	21	52.38%	-0.21%	0.30%
海運業	26	46.15%	-0.39%	0.37%
空運業	18	55.56%	0.24%	0.26%
電気・ガス業	32	56.25%	0.27%	0.45%
石油・石炭製品	38	60.53%	0.63%	0.54%
倉庫・運輸関連業	29	27.59%	-3.31%	0.41%
ガラス・土石製品	126	42.86%	-0.13%	1.79%
業種不明	0	0.00%	0.00%	0.00%

4）考察

最終リターンは約1699％のプラスと、ここへ来て圧倒的なリターンが発生した。今までの売買ルールに比べると少し複雑な仕掛け条件だが、成功に寄与した要素を大きく分けると「14日DMIによるトレンドの判定」「一定期間における高値からの下落率が基準以内」という２つの項目が、上昇トレンド銘柄を捉えるのに貢献していると考えられる。これら２つのテクニカル的要素は、システムトレーダーだけでなく、裁量トレーダーにとっても注目してみる価値があるものかもしれない。

収益率分布に関しては、概ね「０」付近を中心に分布しているが、マイナス域と比べて、プラス域のほうが大きな値が発生する割合が高い。これは高値からの下落率とDMIによるトレンド判定に加え、利益確定の手仕舞いを設定せずにいることが要因だろう。マイナス域はなるべく小さいところに集中させ、プラス域は伸ばすという順張りのお手本のような分布となっている。

市場別取引データを見てみるとマザーズの期待値が高い。移動平均線を使用したときと同じように、この順張り手法は人気化しやすいマザーズの銘柄と相性が良い可能性がある。

曜日別取引データに関しては、バランス良く、すべてプラスの期待値となった。

～第 13 節～

5日 RCI による ボラティィリティスイングトレード

1）概要

先ほどのスイングトレードシステムは1000％を超える最終リターンとなったが、あれはあの売買ルール特有のものなのだろうかという疑問が生まれる。

そのため、今回は仕掛けに使用するシグナルを、５日RCIの逆張りシグナルに変更して再度検証を行ってみることにする。

個人的に、こうしたトレードシステムにおいて重要なポイントは、特定の売買ポイントではなく、任意の投資期間において買い（または売り）に適した銘柄をゾーンで抽出することだと考えている。

そのため、先ほどのADXやボラティィリティ、一定期間における高値からの下落率といった設定が本当に優秀であれば、買いのカギとなる短期的な逆張りのシグナルを変えてもうまくいくはずだと期待している。

2）売買ルール（システムトレード的な条件）

①買い条件（仕掛け）

◎過去10日以内に高値が100日間高値をブレイクアウトした日が存在

◎当日の終値が100日間高値から－20％以内

◎当日の14日＋DIが当日の14日－DIより大きい

◎当日のADXが１日前のADXより大きい

◎当日の50日ヒストリカルボラティリティが40より大きい

◎１日前の５日RCIが－80より大きい

◎当日の５日RCIが－80より小さい

②売り条件（決済）

◎当日の評価損益率が－15より小さい、または保有期間が８より大きい

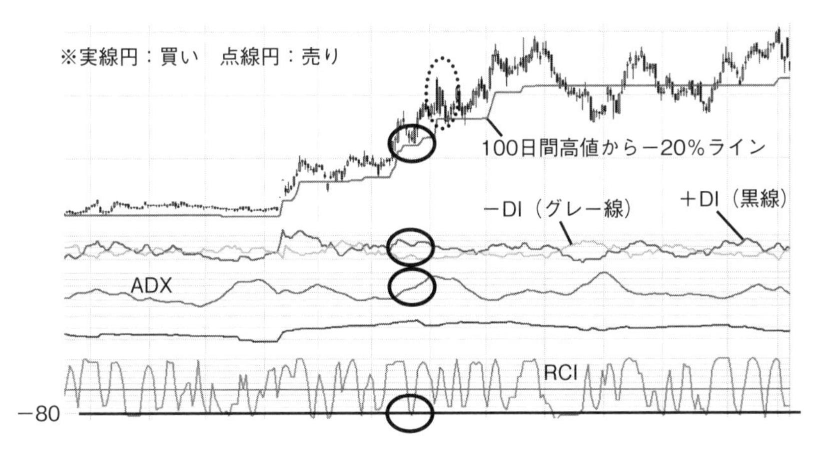

①買い条件

株価が100日間高値から－20％（のライン）の上に位置している状態＆ADXが上昇＆14日間＋DIが14日間－DIの上に位置している状態＆RCIが「－80」を下回ったら買い

②売り条件

８日経過で売り。または、損益率「－15（％）」で売り

3）検証結果

①概要レポート

総取引回数	4424回	ペイオフレシオ	1.23倍（1.34倍）
平均保有期間	8.86日	期待値	4551円（1.06%）
最大保有期間	10日	最終運用資金（運用金額＋損益）	23135千円
最小保有期間	1日	利益率	671.20%
勝率	49.73%	プロフィットファクター	1.21倍
平均利益	52258円（8.60%）	最大DD	6245千円（26.50%）
平均損失	42640円（6.40%）	最大DDからの回復日数	96日
利益の標準偏差	99762円（13.40%）	最長DD期間	1256日
損失の標準偏差	62561円（5.77%）	約定率	99.93%

②成績推移グラフ

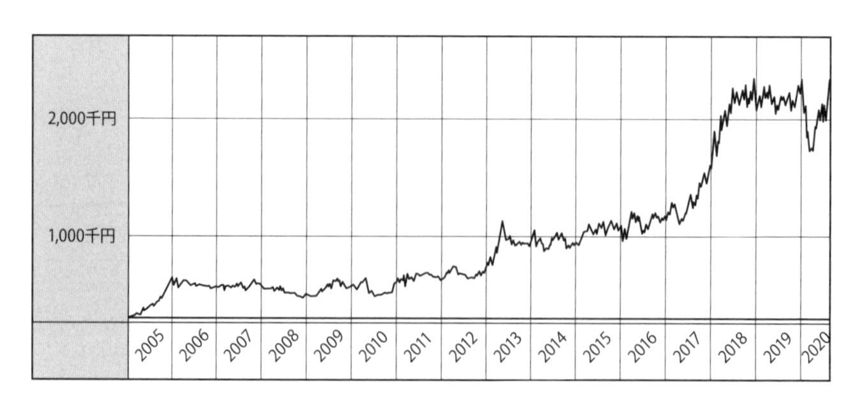

③収益率グラフ

取引ごとの収益率	取引数	比率(%)	取引比率グラフ(グラフ領域の最大:40.0%)
25%以上	119	2.69	
20%以上25%未満	76	1.72	
15%以上20%未満	140	3.16	
10%以上15%未満	274	6.19	
5%以上10%未満	495	11.19	
0%以上5%未満	1096	24.77	
−5%以上 0未満	1164	26.31	
−10%以上 −5%未満	587	13.27	
−15%以上 −10%未満	262	5.92	
−20%以上 −15%未満	154	3.48	
−25%以上 −20%未満	36	0.81	
−25%未満	21	0.47	

④市場別取引データ

	取引回数	勝 率	期待値	比 率
東証1部	2968	50.03%	0.83%	67.09%
東証2部	348	49.71%	1.68%	7.87%
マザーズ	282	50.00%	2.01%	6.37%
JASDAQ	826	48.55%	1.32%	18.67%

⑤曜日別取引データ

曜 日	取引回数	勝 率	期待値	比 率
月	800	51.25%	1.39%	18.08%
火	849	49.00%	1.05%	19.19%
水	878	50.68%	0.92%	19.85%
木	887	48.82%	1.22%	20.05%
金	1010	49.11%	0.81%	22.83%

⑥業種別取引データ

	取引回数	勝　率	平均利益	比　率
水産・農林業	5	40.00%	1.91%	0.11%
卸売業	214	50.47%	1.10%	4.84%
非鉄金属	60	46.67%	-0.16%	1.36%
鉱業	9	33.33%	-1.11%	0.20%
建設業	207	45.89%	2.51%	4.68%
不動産業	196	50.51%	0.77%	4.43%
サービス業	641	51.95%	1.81%	14.49%
機械	319	50.47%	0.97%	7.21%
食料品	51	45.10%	3.10%	1.15%
情報・通信	738	48.78%	0.95%	16.68%
小売業	316	58.23%	2.52%	7.14%
繊維製品	42	38.10%	0.02%	0.95%
化学	211	49.76%	0.30%	4.77%
輸送用機器	117	41.03%	-0.25%	2.64%
金属製品	66	46.97%	-0.05%	1.49%
パルプ・紙	18	50.00%	-0.87%	0.41%
電気機器	453	51.88%	0.95%	10.24%
医薬品	93	47.31%	1.98%	2.10%
精密機器	99	53.54%	1.94%	2.24%
ゴム製品	21	52.38%	1.24%	0.47%
鉄鋼	75	48.00%	0.95%	1.70%
その他製品	105	42.86%	0.05%	2.37%
その他金融業	56	46.43%	-0.06%	1.27%
銀行業	45	48.89%	-0.83%	1.02%
証券業	77	49.35%	-0.90%	1.74%
保険業	11	45.45%	-4.70%	0.25%
陸運業	15	26.67%	-4.98%	0.34%
海運業	14	50.00%	2.37%	0.32%
空運業	11	54.55%	4.83%	0.25%
電気・ガス業	13	30.77%	-2.72%	0.29%
石油・石炭製品	11	72.73%	-0.66%	0.25%
倉庫・運輸関連業	28	50.00%	0.67%	0.63%
ガラス・土石製品	87	42.53%	-0.98%	1.97%
業種不明	0	0.00%	0.00%	0.00%

4）考察

最終リターンは約671％のプラスと、「MACDトレンドフィルターを使用したRCI逆張り戦略」（138ページ）と比べて大きく利益率が改善した。やはり、一定期間における高値からの下落率や14日DMIによる銘柄抽出は、短期逆張りのトレンドフィルターとして威力を発揮するらしい。

利益率が1000％超えとはならなかったものの、これは総取引回数が前節のルールと比べ、半分近くに減少したせいであろう。

また、先の手法と比較して利益率は減少したものの、最大ドローダウンやプロフィットファクターの値には改善が見られるため、リスク対リターンという視点で見ると、仕掛けシグナルに５日RCIを使用したことによって運用が効率化したとも言える。

最終的な利益率を重視するのか、リスクに対するリターンの効率性を重視するのかは人によって意見の分かれるところかもしれないが、この売買ルールも過去の相場でうまくいく傾向を示す手法のひとつと言うことができそうである。

収益率分布や市場別取引データ、曜日別取引データに関しては、大きな傾向の変化は見られない。仕掛けシグナルに使用したRCIの指標特性や期間設定によって詳細な値は変化したものの、前節の手法と比べて、手法そのものが持つ傾向には変化はないということなのだろう。全体的にプラスの期待値となった。

～補足～

◆タートル・スープ戦略の補足

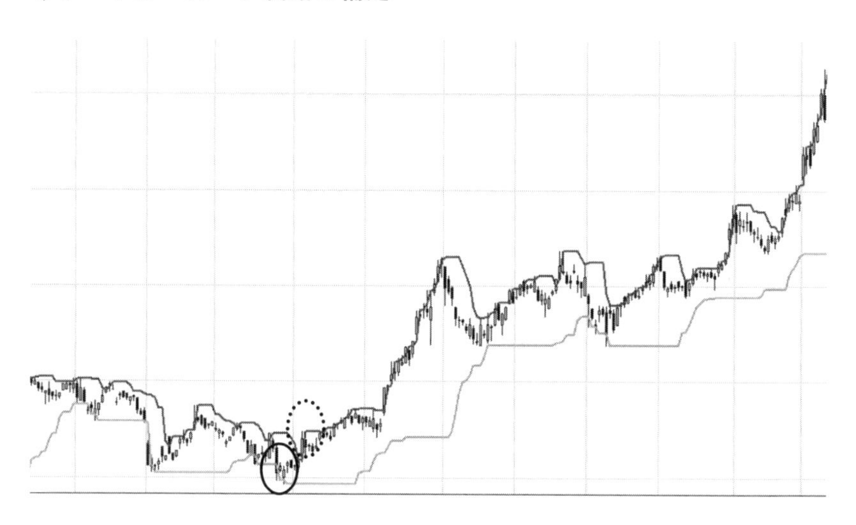

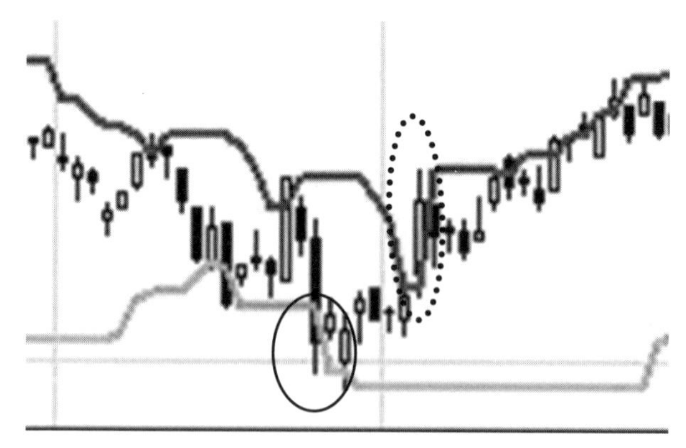

①買い条件（実線円）
株価が20日間安値のラインを下抜け

②売り条件（点線円）
株価が５日間高値のラインを上抜け

第4章

売買ルールの検証を通しての考察

～第１節～
売買ルール検証に関してのまとめ

前章までで本書のメインコンテンツである「テクニカル指標を使用した売買ルールの検証」は終了である。その結果は次ページに示したとおりである。

読者の中には紹介した売買ルールをそのまま使用することに抵抗を感じる人や、厳格なシステマティックトレードを実行することが難しい人もいるだろう。

そこで、この章では前章までの検証結果を踏まえて、システムトレーダーにも裁量トレーダーにも役立つような「トレーディングのポイント」について考えていこうと思う。

どちらのタイプのトレーダーに関しても、「テクニカル指標の設定期間によって売買シグナルの発生の仕方にどのような影響が出るのか」など、知っておいて損はない情報はたくさんある。ただ儲かる方法を探すだけでなく、多くの検証の中からトレーディングに関する普遍的な要素を抽出していく行為は、すべてのトレーダーの成長にとって必要不可欠と言えるだろう。

◆売買ルール利益率ランキング

ランク	売買ルール名	利益率	プロフィットファクター
1	ADXとボラティリティによる短期押し目買い戦略	1699.20%	1.14倍
2	5日RCIによるボラティリティスイングトレード	671.20%	1.21倍
3	ゴールデンクロスとブレイクアウトの複合売買ルール	200.51%	1.23倍
4	75日/200日移動平均線クロス	136.61%	1.53倍
5	長期トレンドフィルターを加えた乖離率複合逆張り戦略	122.10%	1.41倍
6	25日/75日移動平均線クロス	82.14%	1.16倍
7	25日ボリンジャーバンド±2σを使用した逆張り戦略	67.12%	1.15倍
8	移動平均線パーフェクトオーダーによる順張り戦略	56.18%	1.14倍
9	MACDトレンドフィルターを使用したRCI逆張り戦略	25.61%	1.03倍
10	200日移動平均線と14日RSIを組み合わせた押し目買い戦略	19.47%	1.06倍
11	タートルズ･ブレイクアウト･システム	12.41%	1.02倍
12	14日DMIを使用した売買ルール	-14.44%	0.98倍
13	5日/25日移動平均線クロス	-14.57%	0.98倍
14	オシレーターと乖離率を組み合わせた逆張り売買ルール	-18.07%	0.98倍
15	一目均衡表を使用した売買ルール	-19.85%	0.96倍
16	パーフェクトオーダーと9日RCIによる押し目買い戦略	-20.34%	0.96倍
17	トレンド判定付きタートル･スープ戦略	-31.19%	0.95倍
18	加速度0.02のパラボリックSARを使用した順張り戦略	-31.27%	0.97倍
19	14日RSIを使用した売買ルール	-34.26%	0.87倍
20	グランビルの第一法則による売買ルール	-37.83%	0.89倍
21	タートル･スープ戦略	-62.58%	0.90倍
22	25日移動平均線と株価の乖離率を使用した逆張り戦略	-71.98%	0.82倍
23	9日RCIを使用した売買ルール	-74.36%	0.78倍
24	MACDのクロスを使用した売買ルール	-85.51%	0.81倍
25	魔術師リンダの「聖杯」トレード戦略	-87.26%	0.87倍
26	14日スローストキャスティクスを使用した売買ルール	-91.76%	0.83倍

～第2節～

トレンド系指標は単一で使用しても プラスのリターンを上げられる 可能性が高い

前ページの「売買ルール利益率ランキング」を見てみると、順張り型の売買ルールがプラス域に多く見られる。「5日と25日のゴールデンクロス」と「タートルズ・ブレイクアウト・システム」の2種類を除けば、基本的にプラスの最終リターンとなっていることがわかるだろう。

このことを考慮すると、「機械的に売買シグナルを受け入れる」としたならば、**「逆張り型よりも順張り型の売買ルールのほうが、成績が良くなりそうだ」**と言うことができる。

それではなぜ、機械的に売買した場合には、順張り型の指標のほうがうまくいく傾向があるのだろうか。

個人的には、「順張り型の売買ルールで使用するテクニカル指標には、期間設定が長いものが多いからである」と考えている。10日以内の期間設定を使用するのは最も短い移動平均線である「5日移動平均線」のみである。一目均衡表やトレンドフィルター用の移動平均線を見てみると、短期のラインでも「10日以上の期間設定を使用するもの」が一般的である。順張り型の売買ルールでは、基本的に自分に有利な値動きを取り逃がさないことを狙って、ダマシや早すぎる利益確定を回避するように設定される。もしも、期間設定を極端に短くしてしまうと、テクニカル指標が価格の動きに敏感に反応しすぎてしまうため、うまくトレンドを捉えるチャンスが減ってしまうのである。

逆に、期間設定を市場のトレンドを捉えられるように長くしていくと、指標の動きが価格変動に対して緩やかになるため、売買シグナルの発生頻度は減少していく。これは、機械的に売買するトレーダーにとって、次の2つのメリットを与えてくれる。

①取引回数の減少による手数料コストの減少
②方向性のないちゃぶつきによる売買の回避

また、後述しているように、売買シグナルの発生が極端に多い場合、どの売買シグナルを受け入れるべきか、トレーダー自身で選別しなければならないケースが多い。この点についても、算出期間の長い順張り型の売買ルールであれば、問題となるケースは少ない。

結論として、順張り型の売買ルールは、**うまくトレンドを掴まえられるようにテクニカル指標の期間設定に気をつけさえすれば、誰が売買しても利益を上げられる可能性が高い**と言える。相場では古くから「トレンドはフレンド」「市場の方向に沿って売買せよ」というような格言があるが、それは現代の市場でも有効ということだろう。

~第3節~

勝てる手法と言われているものの中には、売買シグナルの選別を必要とするものがある

逆に、マイナスの最終リターンを示した売買ルールを見てみると、オシレーター系指標単一の売買ルールのほか、リンダの売買ルールがランクインしている。

これらの売買ルールの考察のところでも述べたように、価格のわずかな動きによって売買シグナルが頻繁に発生するような売買ルールの場合、すべての売買シグナルに同じように従っていてはマイナスのリターンになりやすくなる。そのため、トレーダーによる「どの売買シグナルを採用して取引するか」という売買シグナルの選別が必要となることが多い。

こうした問題は、テクニカル指標の期間設定が短すぎた場合や、設定する仕掛け条件の要素が少なすぎて売買シグナルが頻繁に、かつ、大量に発生した場合に起こることが多い。

振り返ってみると、オシレーター系指標は短期的な買われすぎ・売られすぎを計るために設定期間が短めにされていることが多い。仕掛け条件の要素の数という点では、リンダの手法はかなり少ないテクニカル指標で仕掛け条件が定義されていた。

先ほど記したとおり、価格変動に敏感に反応して短期的に売買シグナルが発生する手法の場合、その手法でプラスのリターンを上げるた

めには、何らかの基準を設けて、次々に発生する売買シグナルを選別して受け入れる必要がある。選別の基準が今回紹介してきたトレンドフィルターのように定量化できるものなのか、または手法を用いるトレーダーの感覚によるものなのかはさておき、何の手も打たずに盲目的に売買シグナルを受け入れていくと、今回の検証で見られたような右肩下がりの資産推移になりかねない。

価格変動に敏感に反応するタイプの“短期的な売買ルール”を使用するときは、トレーダーのほうで何らかのフィルタリングを行い、特定条件で売買シグナルの切り出しを行う必要がある。

～第４節～

リターンを上げるコツは長期トレンドと短期的逆張りの融合ルール

1）手法を作るときの考え方

最後に、ランキング上位の売買ルールについて改めて分析しながら、株式投資においてリターンを上げるための手法作りについてまとめていきたい。

まずは、サンプルとして「５日 RCI によるボラティリティスイングトレード」の売買ルールを改めて確認してみよう。

①買い条件（仕掛け）

◎過去10日以内に高値が100日間高値をブレイクアウトした日が存在

◎当日の終値が100日間高値から－20%以内

◎当日の14日＋DIが当日の14日－DIより大きい

◎当日のADXが１日前のADXより大きい

◎当日の50日ヒストリカルボラティリティが40より大きい

◎１日前の５日RCIが－80より大きい

◎当日の５日RCIが－80より小さい

②売り条件（決済）

◎当日の評価損益率が－15より小さい、または保有期間が８より大きい

この売買ルールも含めてランキング上位の売買ルールのコンセプトを見てみると、何らかの条件で上昇圧力の高い銘柄を定義し、仕掛けのシグナルに関しては連続下落やオシレーター系指標などの逆張りのシグナルを使用している。つまり、株式投資における売買ルール作りのポイントは**「中長期的な上昇トレンドにある銘柄を短期的な逆張りで仕掛けることである」**と考えられる。

それでは、このような利益率の高い売買ルールの作成についてもう少し見ていこう。

まずは「中長期的な期間設定を使用した上昇トレンドの定義」が重要になる。売買ルール作成にあたって有名なトレンドフィルターとしては以下のようなものが挙げられる。

◎３カ月以上の期間設定を使用した移動平均線と株価やその他の移動平均線との関係
◎一定期間における高値からの下落率○○％
◎一定期間における高値更新から○日以内
◎直近の一定期間における安値が切り上がっている

これらのポイントのいくつかを使用することで、まずは狙う銘柄が「中長期的に上昇する可能性が高いのかどうか」を、チェックするのが重要である。

今回上位にランクインしていた売買ルールは「DMI」「一定期間における高値からの下落率」「一定期間における高値更新からの経過日数」を条件に使用して銘柄のトレンドを定義していた。これらの設定は具体的な「点」で銘柄を抽出するのではなく「区間」で抽出する。そのため、この区間にある銘柄に対して、具体的に「いつ仕掛けるべきか」ということに関しては、別途、「点」を指示するようなシグナルの定義が必要になる。

次に具体的な「点」、つまり売買の引き金となるような条件について考える。これに関しては短期的な逆張り型のシグナルを使用するのが望ましい。なぜなら、たとえ中長期的には上下どちらかのトレンドを示していても、短期的に上下どちらかに過熱した株価は、一時的に逆方向に反転する可能性が高いからである。

そこで、**先ほど紹介したような銘柄の「区間」を表す条件を設定したあと、オシレーター系などの短期逆張り型の売買ルールを仕掛けに使用することで、中長期的にも短期的にも、自分に有利なポイントで仕掛けられる可能性が生まれる。**使用できる短期的な逆張り条件としては、以下のものがある。

①期間設定の短いオシレーター系の売買シグナル
②終値が○日連続で下落
③１カ月以内の期間設定を使用した移動平均線からのマイナス乖離率

今回例に挙げた「５日RCIによるボラティリティスイングトレード」では「５日RCIの買われすぎ・売られすぎ」を仕掛けのトリガーとして使用していた。

以上が利益率の高い売買ルールの設計においてまず重要となる、仕掛け条件に関するポイントである。これはシステムトレーダーだけでなく、手動で取引するタイプの投資家の売買においても有効となる考え方である。ぜひ多くの投資家の運用に役立ててもらいたい。

なお、手仕舞い条件は仕掛け条件の設定の仕方によって「損小利大」の傾向を持たせるべきなのか、「利小損大」の傾向を持たせるべきなのかは変わってくる。一概に言うことは難しいが、次の「勝率とペイオフレシオの関係についてのまとめ」で述べている内容を参照しながら、順張り型であれば損切りはしっかりと設定したうえで利益確定はゆっくりとなるようにし、逆張り型であれば、それらが逆になるように設定すると、うまくいくことが多い。

2）勝率とペイオフレシオの関係についてのまとめ

各売買ルールの考察でもたびたび触れてきたとおり、一般的に順張り型の売買ルールはペイオフレシオが高めで勝率が低く、逆張り型の売買ルールはペイオフレシオが低めで勝率が高くなる傾向がある。これは、市場の価格トレンドに対する姿勢の違いから、利益確定や損切りを設定するポイントが変わってくるためである。

一般的に、順張り型の売買ルールは、トレンドを取り逃がさないように設計される。そのため、売買シグナルがダマシであった場合にすぐ損切りができるよう、損切りのポイントは可能な限り、仕掛けの近くに設定される。これにより１回の負けトレードにおける損失は小さくなるが、この中には一時的な市場の逆行でたまたま損切りになってしまう取引も含まれるため、負け取引の数が多くなる。

一方、利益確定については、トレンドが続いているのにポジションを閉じてしまうことがないように、トレンドが終了したと判定できるようなシグナルが発生するまで引き延ばされるのが通常である。これらの特性によって、順張り型の売買ルールでは勝率が低く、ペイオフレシオが高くなる。

次に、逆張り型の売買ルールについて説明する。逆張り型の売買ルールは、一時的な株価の買われすぎ・売られすぎから利益を得られることを狙って、トレンドに逆らったポジションを取るように設計されることが多い。保有期間が長くなるほど価格トレンドの影響を受けやすいため、予想通り、過熱感から価格が逆行したときにすぐに利益を確定できるよう、利益確定は仕掛け近くのポイントに設定されることが多い。こうすることで、逆張り型の売買ルールでは勝ち取引が多くなる。

一方、損切りについては、過熱域からの反転が確認されるまで引き延ばされることが多い。しかし、株価というのは、反転が期待できる過熱域で反転することは少なく、さらなる過熱域のほうに動き続けることが往々にしてある。そのため、「そろそろ反転するだろう」という思惑と反対の動きが発生した場合に、逆張り型の売買ルールは大きな損失を出してしまう（下図参照）。

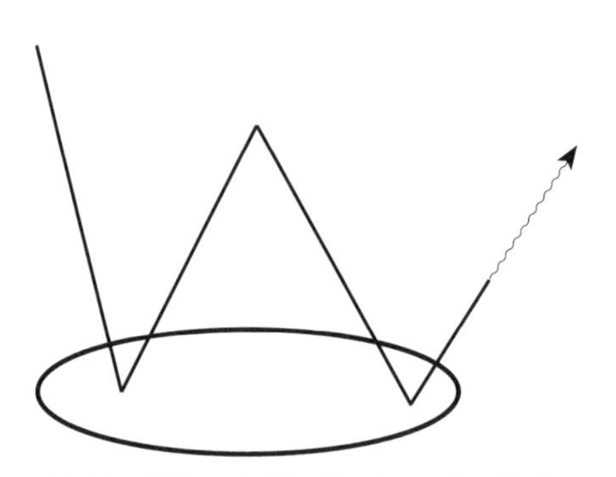

波線の値動きを考えてしまいがちだが……

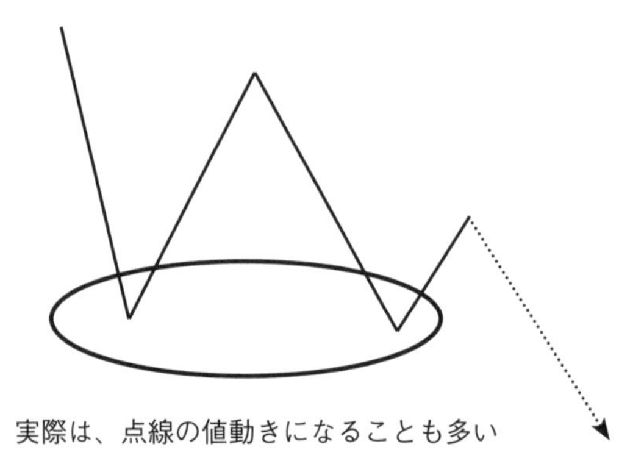

実際は、点線の値動きになることも多い

以上の特性によって、逆張り型の売買ルールでは勝率が高く、ペイオフレシオが低くなる。

ほとんどのケースでは、勝率とペイオフレシオはトレードオフの関係にある。どういうことかと言うと、例えば、ほとんどの取引を勝ちにしたければ、利益確定を早くし、損失は引き延ばすようにすれば「負けにくい売買ルール」を作ることはできる。

しかし、そのようなルールの場合、ペイオフレシオが極端に低くなるため、損失を出すときには1回ごとの勝ち取引における利益額に対して大きな損失を出してしまうことになる。しかも、その後、それ（損失）をまた小さい利益の勝ち取引で取り戻さなくてはならなくなる。

個人投資家のニーズを探るために検索キーワードを分析していると、多くの投資家が「勝率」に注目しているように感じられる。金額の大小にかかわらず、勝ちトレードは資産を増加させてくれるため、勝率を重視したい気持ちはよくわかる。事実、売買ルールとしては利益確定が早く、損切りを遅らせるタイプの売買ルールが選択されやすいが、資産の減少を嫌がるあまりに高勝率を求めてしまうのも問題である。

トレードで重要となるのは、勝率単体でも、ペイオフレシオ単体でもなく、両者のバランスによって導かれる「期待値」がプラスであるかどうかである。損をなるべく出さない勝率の高い手法のほうが精神的に安定するのは間違いないが、トータルリターンを考えた場合には、小さな利益はある程度まで捨てたほうがよいときもあることを覚えておいてほしい。

3）売買ルールの発展可能性について

今回の検証における目的は「複数の手法をなるべく同一の条件で検証してその有効性を確かめること」であり、厳密なトレーディングシステムを作ることを最優先としたわけではない。そのため、**最終リターンや勝率といった値に関しては、今回使用した前提条件を変更することで変わってくる可能性がある。**

しかし、そうした部分まで検証対象とすると、ひとつの売買ルール当たり無数のパターンが存在するため、1冊の本にまとめるのは難しくなってしまう。

そこで今回は、購入株数の算出式や仕掛けの優先順位といった項目の設定において、なるべく手法間の有利・不利が発生しないような条件で検証を行った。

今回の検証において追求しきれていない点を踏まえ、後述する項目に関しては売買ルールごとに設定を改良することで、成績に有意な変化をもたらしそうな要素について見ていく。もし、本書の結果を参考に、自分で売買ルールを改良していこうと考えている読者がいれば、参考にしてほしい。

4）仕掛けの優先順位を変更する

売買ルールによっては、売買シグナルが大量に発生するため、同一のタイミングで発生した売買シグナルに対して、どのように優先順位をつけるかが重要になる場合がある。今回は仕掛けの優先順位として「売買代金が大きい」という流動性の基準を使用した。順張りや逆張りという売買ルールの特性によらず、流動性というのは普遍的なファクターであろうとの考えからだが、売買ルールごとに個別に見ていけば、それぞれの最適解は変わってくる可能性がある。

例えば、順張り型の売買ルールの場合、「同時に発生したシグナルの中でもより上昇力のあるものを選ぶ」との考え方から「一定期間における上昇率が大きい順」とすることで、成績が改善するかもしれない。

反対に、逆張り型の売買ルールであれば、当日に大きく下落した銘柄のほうがより反発が期待できるとの考えから「前日比変化率が小さい順」としたほうがよいかもしれない。

どのような優先順位を使用すればよいのかについては、一概には言えないが、売買ルールのコンセプトに合うようなテクニカル指標に基づく優先順位を決めておくことで、今回の検証以上の結果が見られる可能性はある。

5）対象銘柄を市場ごとに区別する

検証結果の項目でも表示していたが、売買ルールによっては東証１部や新興市場ごとに明確な差が発生しているものもある。そのような場合、そもそもプラスの期待値を示す市場の銘柄のみを売買対象とするという戦略も考えられる。

例えば、いくつかの売買ルールの検証でも見られた通り、順張り型の売買ルールは、マザーズやジャスダックなどの新興市場で期待値が高いことがある。これは新興市場の銘柄は時価総額が小さくて流動性も低いことが多く、特定のテーマによって人気化したときに急激な上昇を見せることがあるからだと考えられる。

一方で、逆張り型の売買ルールは東証１部の銘柄の中に期待値が高い傾向が見られる場合がある。東証１部に上場しているような銘柄というのは企業として成熟している場合が多く、流動性も市場の効率性も高い傾向がある。そのため、短期的に大きく売り込まれたとしても、何らかの形で反発する可能性が高いため、逆張り型の売買ルールに適しているのかもしれない。

このように、売買ルールのコンセプトによっては、市場ごとに明確な向き・不向きが見られる場合がある。対象の市場を限定することによって発生するシグナルの数も変化することを考えれば、成績に与える影響に関しては一概には言えないが、試して見る価値はあるだろう。

6）購入株数の算出方法を変えてみる

仕掛け株数のリスク管理においては、多くの場合、１回の損失当たり２～３％程度にコントロールするのがよいと言われている。そのため、今回は売買ルールごとの想定損失幅を－20%に固定し、１回の取引で－20%の損失が発生したときに総資産が２％減少するように、購入株数の算出式を定めた。

しかし、これは売買ルールごとの差を可能な限りなくすためのものであって、最適解とは言えない可能性がある。売買ルールを発展させるにあたっては、この購入株数の算出方法を変えてみるのもひとつの手だろう。

１回の損失当たり２～３％程度に資産の減少割合をコントロールしたほうがよいという点に関しては、一般的にどの売買ルールにおいても共通である。

しかし、売買ルールの平均保有期間によって想定すべき損失幅は基本的に異なってくるだろうし、売買ルールが順張り型・逆張り型どちらなのかによっても、リターンのマイナス域の分布は変わってくる。

また、想定する損失幅の算出に、損益率ではなく、仕掛ける銘柄の一定期間の平均値幅を表すATR（Average True Range）やヒストリカルボラティリティなどを利用するような「ボラティリティベースの算出式」も考えられる。

どのパターンの算出式を用いるのが最適解かは、これも一概には言えないが、保有期間が短く、想定損失幅が購入時株価の20%よりももっと小さくてよい売買ルールなどでは、想定する損失幅をもっと少なく設定することで運用の効率性が上昇する可能性があるだろう。

ただ、(そのようにして) 想定する損失幅をタイトにする場合、たまに発生する予期せぬ大きな損失に対しては十分に注意を払う必要がある。

7) 日経平均株価やTOPIXのテクニカル条件を加える

個別銘柄だけではなく、インデックスの価格データも必要となるため、(少し難易度の高いものとなるが) 日経平均株価やTOPIXなどのテクニカル指標の条件を加えてみるのも面白いだろう。同じような買いのシグナルであっても、市場全体が上昇局面にある場合と、下降局面にある場合とでは、パフォーマンスに差が出る可能性がある。その点を踏まえると、インデックスに長期的なトレンドフィルターを追加するのは、理にかなった方法と言えるだろう。

簡単なところでは、日経平均株価やTOPIXの終値が200日移動平均線の上に位置しているときのみ仕掛ける順張り型の売買ルールなどが想定されるが、この点に関しては本書の範囲を超えるため、ここでは紹介程度に留めておきたい。

8) まとめ　～大切なのは正しい思想を持つこと～

ここまで、売買ルールの作り方で注目するべき要素について解説してきた。最後に、とても大事な話をしておこうと思う。

察しの良い人なら気づいていると思うが、私が本書を通して伝えたかったことは、**「どういうテクニカル指標を使うのか (売買ルールを使うのか)」**が大切なのではなく、**「どういったコンセプトで自分のト**

レードを構築するのか」が一番重要であるという点である。

そして、そのコンセプトは何かというと、「上昇トレンドを何らかの形で定義し、短期的な押し目を探すこと」であり、今回の検証結果だけを突き詰めるならば、「中長期上昇トレンド銘柄の高値圏での短期的な押し目買い」という話になる。

つまり、「中長期上昇トレンド銘柄の高値圏での短期的な押し目買い」という「コンセプト」さえあれば、そもそも、どのテクニカル指標を使おうが、（テクニカル指標を）どういう期間設定にしようが、まったく問題ないのだ。（コンセプトを実現できるような範囲で）好きなものを利用すればよいのである。

高値を付けた後の高値圏での短期的な押し目買いは、有名トレーダーたちも実際に行っているやり方である。その有効性を今回、検証を通して証明できたことは、個人的にも興味深い出来事だった。

昨今、株式投資手法の紹介では、特定のテクニカル指標や特定の期間設定に、さも秘訣があるかのように語られるものが多く見られるように思う。もちろん、使用者によって主観的な使いやすさの違いはあるのかもしれない。また、パラメータを変更することで、成績をいくぶん向上させることも可能かもしれない。だが、データ的に見れば、本質的には、特定の指標や期間設定に秘訣など存在しないのである。

大事なことなので、もう一度だけ、お話しする。正しいコンセプトさえ持っているならば、道具（テクニカル指標）は何を使っても構わないのである。本書の読者にはぜひ、「魔法のテクニカル指標」を追い求めることに無駄な労力を費やすのではなく、売買ルールを作るときには、「正しいコンセプトを持つ」ということにだけ注力していただきたいと思う。

第5章

システムを使用しない投資家のための銘柄選びの方法について

本書を手にするすべての投資家が、専用のシステムを駆使して運用を行っているというわけではないだろう。

検証ツールやトレーディングシステムというのは環境を整えるだけでも大きなコストが掛かるため、せっかく本書で何らかの気づきを得ても、取引環境によってはそれを活かしきれない可能性もある。

そういう投資家のために、今回の検証でうまくいった売買ルールの銘柄と同じような銘柄を、システムを用意できない多くの投資家にも見つけられるように、この章を用意した。

ここで紹介する銘柄探しの手法は、無料で閲覧可能な株式ランキングや、証券会社のスクリーニングツールおよびテクニカルチャートを利用するだけで大丈夫なように意識して紹介している。システマティックトレーディングを実行することが難しい一般の個人投資家については、投資銘柄を選ぶときにぜひ参考にしてほしい。

1）DMIや移動平均線の位置関係をトレンドフィルターとして利用する方法

特定のテクニカル指標を使用した分析の場合は、使用しているテクニカルチャートに任意の期間設定のテクニカル指標を表示させるだけで解決する。移動平均線やDMIはそれなりに有名なテクニカル指標のため、大抵のテクニカルチャートには間違いなく搭載されている。後は設定画面で「5日、25日、75日」や「25日、75日、200日」などの期間設定に合わせて表示させれば、システムトレード用のツールを使用しなくても、条件に合っている銘柄かどうかすぐに判別できる。もしかすると、200日移動平均線など100日を超えてくるようなテクニカル指標の場合は、スマートフォン用のツールなどでは表示することができないかもしれない。そういう場合はPC用のテクニカルチャートツールを使用して、分析を行ってほしい。

2）25日移動平均線から大きく乖離した銘柄を見つける方法

移動平均線乖離率だけでなくオシレーター系指標全般に言えることだが、逆張り型の売買ルールに合う銘柄を見つけるためには、短期的に大きく下落した銘柄を探せばよい。具体的には以下のようなものがある。

◎スクリーニングツールの「移動平均線からの乖離率」の項目で「25日移動平均線乖離率」の値を設定する
◎一般的な投資家用サイトの株式ランキングで「25日移動平均線乖離率ランキング」を降順で見ていく
◎当日や1週間における騰落率ランキングを降順で見ていく

この作業をすることで、短期的に大きく下落した銘柄はすぐに見つかるはずだ。あとは、その銘柄の株価をテクニカルチャートに表示させ、その他の指標の分析を行えば、今回紹介した逆張り型の売買ルールを自らの手で実行できるようになる。

3）一定期間における高値をブレイクしたばかりの銘柄を見つける方法

スイングトレードやタートルの名を冠する売買ルールなどでは、一定期間の高値・安値の更新や、「前回のブレイクアウトがいつ発生したのか」という要素を組み込んで条件を設定した。これらの条件を手動での取引に活かすためにはどうしたらよいのだろうか。

高値・安値のブレイクアウトに関する条件を使用する場合は、各種株式ランキングやスクリーリング条件にある「年初来高値・年初来安値更新銘柄」の項目を使用するのが有効である。特に、スクリーニングツールの場合、設定によっては当日に年初来の高値・安値を更新した銘柄だけでなく、一定期間内にブレイクアウトが見られた銘柄も抽出することができる。このようなツールを利用することで、一定期間の高値・安値を更新してまだ間もない、初動の可能性がある銘柄も選ぶことができるだろう。

また､株価が節目を超えるケースでは出来高を伴うことが多いため、銘柄を探すときには年初来高値・安値更新の他にも「出来高増加率」の大きい銘柄を見てみるのも効果的かもしれない。

4）一定期間における高値からの下落率が小さい銘柄を見つける方法

今回の検証では「100 日間高値からの下落率－ 20% 以内」という条件が登場した。これを一般のスクリーニングツール等でも実装する場合は｢52 週高値からの下落率｣という指標を用いるとよい。これは、直近約 1 年間の高値からの下落率を表す指標であり、無料で使用できるスクリーニングツールにも搭載されていることがある。

システムトレード用のツールと異なり、具体的に何日間の高値かを指定できない場合が多いが、このスクリーニング条件（52 週高値からの下落率）でも高値圏に位置する銘柄を抽出することはできるはずだ。過去 1 年間の高値からの下落率に基づく銘柄を抽出した後は、目視や罫線ツールなどで高値からの下落率が大体何 % くらいなのかを計算すれば、売買ルールの条件と同じような銘柄を選ぶことができるはずだ。この例を挙げると以下のようになる。

◎直近 52 週の最高価格が 1000 円の場合
　→その－ 20% 以内は 800 円以上
◎直近 52 週の最高価格が 2000 円の場合
　→その－ 20% 以内は 1600 円以上

5）短期的トレードに適したボラティリティの高い銘柄を見つける方法

ボラティリティフィルターとは、「過去の一定期間の株価変動が大きな銘柄のみを抽出する」ものである。このフィルターを使うことで、短期トレードの中でも、特に大きな値幅を狙うことが可能となる。保有期間を短くして取引回数を稼ぐタイプの売買ルールの場合、「期待できる利益率が大きくなる」という意味で、銘柄のボラティリティは強い味方となる。

こうした銘柄を一般のツールで見つけるためには、スクリーニング条件に搭載されていることがある「過去60日ボラティリティ」という指標が大変便利である。この指標を使えば、検証に使用した期間設定と大体同じような期間におけるボラティリティによって、銘柄をフィルタリングすることができる。

なお、指標を使用するときは小数表示なのか、％表示なのかに気をつけて、閾値を設定する必要がある。

おわりに

今回の検証により、厳密にどのくらい儲かるのかという点に関してはさておき、長期的に見たときにプラスを出せそうな売買ルールとそうでない売買ルールに関しては、ある程度示すことができたと考えている。自分自身の手法を見つけるときの手助けとして、今回の結果を役立ててもらえるとうれしい。

基本的には、いかなる相場環境においても利益を上げられるような「聖杯」はマーケットには存在しない。そのため、うまくいかないときでも一貫した運用が継続できる真に優れたトレーダーになるために、自分の手法におけるペイオフレシオと勝率のバランスや、どのような相場でうまくいかない傾向があるのかについて、事前によく知っておく必要がある。そして、そのためには地道な検証が必要不可欠である。

特に、外部から入手した投資手法を実際の運用で使うときには、注意してほしい。それだけで将来のパフォーマンスが保証されるわけではないが、実際の相場で運用を開始する前に、システムによる検証（システムが用意できない方はチャート目視による簡単なシミュレーション売買）をしっかりと行うべきであろう。「勝てる手法と言われているものの中には売買シグナルの選別を必要とするものがある」（204ページ）の部分でも述べたように、入手した投資手法が使用者の感覚による売買シグナルの選別が必要なタイプのものだとしたら、その手法はあなたにとってはお金を失うだけの手法になってしまう怖（おそ）れがある。

今回紹介した売買ルールはシステムで検証する都合上、すべての売買ルールが言語化されているが、これから出合う情報については、そうした要素を含んでいないか、十分に注意してほしい。

もちろん、用いるすべての売買ルールに関して定量的かつエビデンスがあるという要素を要求することはほぼ不可能と言えるため、こうした問題が発生する可能性をなくすことは難しい。だが、自分の資金を運用する以上は、なるべく定量的で検証のなされたものを使用したほうがよいだろう。

トレードの世界で生き残っていくために重要となるのは、常に利益のみを追い求めることではなく、繰り返される資産上昇とドローダウンの中で“期待値がプラスだ”と考えられる手法を貫き、自分が今の相場で「何をしているのか」をしっかり把握することであると私は考えている。

最後に、本書を出版するにあたり、私が株式投資というとてもエキサイティングな世界に触れるきっかけをくれた両親、私の活動を日々サポートしてくれる友人たち、そして、丁寧な編集を行っていただいた磯崎公亜氏に感謝の意を表したい。

2021年9月吉日　若林　良祐

参考文献・使用ツール

1）参考文献

『個人投資家の証券投資に関する意識調査について報告書』（日本証券業協会 調査部，平成 31 年 1 月発行）
http://www.jsda.or.jp/shiryoshitsu/toukei/files/kojn_isiki/20190131ishikichousa.pdf

ラーズ・ケストナー著『トレーディングシステム徹底比較　第 2 版 代表的 39 戦略の検証結果』（パンローリング，2000.7.5）

ペリー・J・カウフマン『世界一簡単なアルゴリズムトレードの構築方法 ―― あなたに合った戦略を見つけるために』（パンローリング，2016.1.2）

キース・フィッチェン著『トレードシステムの法則 ―― 検証での喜びが実際の運用で悲劇にならないための方法』（パンローリング，2014. 4 月）

ラリー・ウィリアムズ著『ラリー・ウィリアムズの短期売買法【第 2 版】―― 投資で生き残るための普遍の真理』（パンローリング，2012. 7 月）

ジョン・A・ボリンジャー著『ボリンジャーバンド入門 ―― 相対性原理が解き明かすマーケットの仕組み』（パンローリング，2002.1.24）

Ｊ・ウエルズ・ワイルダー・ジュニア著『ワイルダーのテクニカル分析入門 ―― オシレーターの売買シグナルによるトレード実践法』(パンローリング, 2002.5.6)

チャールズ・ルボー＆デビッド・ルーカス著『マーケットのテクニカル秘録 独自システム構築のために』(パンローリング, 2003.12)

ジェラルド・アペル著『アペル流テクニカル売買のコツ ―― MACD開発者が明かす勝利の方程式』(パンローリング, 2006年5月)

リンダ・ブラッドフォード・ラシュキ, ローレンス・A・コナーズ著『魔術師リンダ・ラリーの短期売買入門』(パンローリング, 1999.7)

デーブ・ランドリー著『裁量トレーダーの心得 スイングトレード編』(パンローリング, 2012.5)

2）使用ツール

有限会社ツクヨミ様 「株システムトレードソフト イザナミ」
https://www.izanami.jp/top.html

パンローリング株式会社 「チャートギャラリーエキスパート」
http://www.panrolling.com/pansoft/chtgal/

◆著者：若林良祐（わかばやし　りょうすけ）
1998年生まれ。高校生の時に親の勧めで株式投資を開始。大学在学中は金融商品仲介業者のインターンシップに4年間従事。2018年3月よりYahoo！ ファイナンス「投資の達人」（2020年3月末掲載終了）に出演。現在は需給をベースとした運用手法の研究を行っており、さまざまな投資スタイルに合った手法を日々研究している。

2021年10月3日　初版第1刷発行

現代の錬金術師シリーズ ⑯⑤

手法作りに必要な“考え”がわかる
データ検証で「成績」を証明
株式投資のテクニカル分析　売買ルール集
――売買ルールの過去検証から判明した、個人投資家が持つべき正しい戦略

著　者　若林良祐
発行者　後藤康徳
発行所　パンローリング株式会社
〒160-0023　東京都新宿区西新宿7-9-18 6階
TEL 03-5386-7391　FAX 03-5386-7393
http://www.panrolling.com/
E-mail　info@panrolling.com
装　丁　パンローリング装丁室
組　版　パンローリング制作室
印刷·製本　株式会社シナノ

ISBN978-4-7759-9180-0
落丁・乱丁本はお取り替えします。

【免責事項】
この本で紹介している方法や技術、指標が利益を生む、あるいは損失につながることはない、と仮定してはなりません。過去の結果は必ずしも将来の結果を示したものではありません。この本の実例は教育的な目的のみで用いられるものであり、売買の注文を勧めるものではありません。

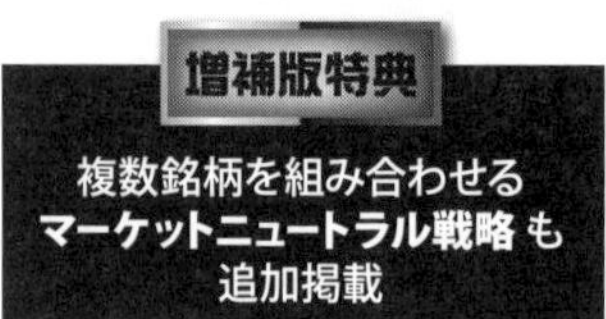

相場の上下は考えない 「期待値」で考える株式トレード術　増補版

増田圭祐【著】

定価 本体2,000円+税　ISBN:9784775991596

相場変動に左右されない、期待値の高い取引＝サヤ取り投資

サヤ取り投資とは、値動きの似た２銘柄について、「買い」と「売り」を同時に行い、その２銘柄の価格差（サヤ）の伸縮から利益を狙う投資法である。両建する（買いと売りを両方同時に保有する）ので、株価が上がろうが、株価が下がろうが、損益には影響しない、期待値の高いやり方である。本書では、サヤチャートにボリンジャーバンドを表示して行う、平均回帰と平均乖離という２つのやり方を紹介している。

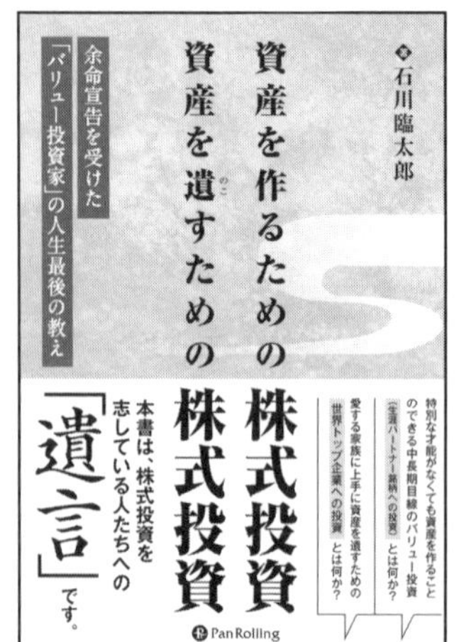

資産を作るための株式投資 資産を遺すための株式投資

石川臨太郎【著】

定価 本体2,800円+税　ISBN:9784775991671

「命の期限」を受け入れたうえで、なお伝えたかったこととは……。

本書では、「サラリーマンを続けながら株式投資すること」を、繰り返し推奨している。なぜなら、株式投資だけで生活するのは、想像以上にストレスも溜まり、一筋縄ではいかないからだ。だからこそ、ストレスなく続けられる中長期目線のバリュー投資を紹介している。また、愛する人を想定し、かれらに資産を遺すことを考えながら投資をしていくことも本書のテーマとなっている。資産を作ることだけでない。資産を遺すことについても著者の“遺言”として語っている。

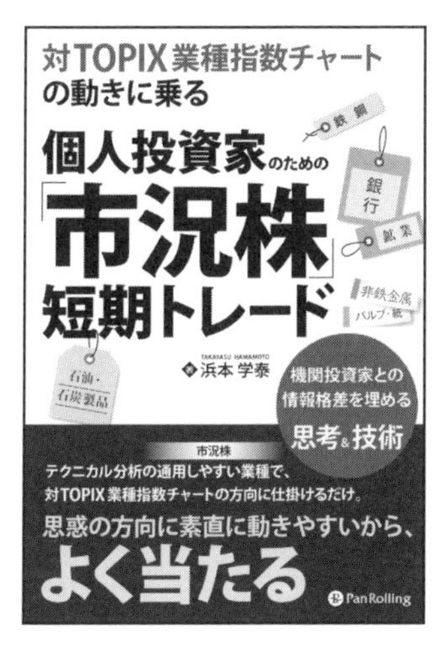

対TOPIX業種指数チャートの動きに乗る 個人投資家のための「市況株」短期トレード

浜本学泰【著】

定価 本体2,000円+税　ISBN:9784775991558

著者がファンドマネジャー時代に生み出し、当てまくった対TOPIX業種指数チャートの動きに乗るだけの、テクニカルの通用する業種での短期トレード

当てにいかずに、ただ、「動いた」という事実に乗るだけ。だから、結果として当たりやすくなります。それが市況株の短期トレードの醍醐味です。その有効性を、ぜひ試して、実感してみてください。

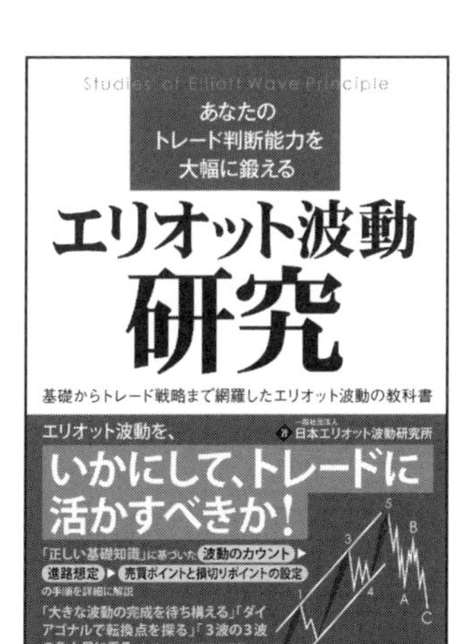

あなたのトレード判断能力を大幅に鍛える エリオット波動研究

一般社団法人日本エリオット波動研究所【著】

定価 本体2,800円+税　ISBN:9784775991527

正しいエリオット波動を、正しく学ぶ

エリオット波動理論を学ぶことで得られるのは、「今の株価が波動のどの位置にいるのか（上昇波動や下落波動の序盤か中盤か終盤か）」「今後どちらの方向に動くのか（上昇か下落か）」「どの地点まで動くのか（上昇や下落の目標）」という問題に対する判断能力です。
エリオット波動理論によって、これまでの株価の動きを分析し、さらに今後の株価の進路のメインシナリオとサブシナリオを描くことで、それらに基づいた「効率良いリスク管理に優れたトレード戦略」を探ることができます。そのためにも、まずは本書でエリオット波動の基本をしっかり理解して習得してください。

スピード出世銘柄を見逃さずにキャッチする
新高値ブレイクの成長株投資法

ふりーパパ, DUKE。【著】

定価 本体2,800円+税　ISBN:9784775991633

買った瞬間に「含み益」も大げさではない！ファンダメンタルの裏付けがある「新高値」の威力とは？

「新高値」を使った成長株投資を行うと、極めて重要な「投資の時間効率」が格段に向上する。ファンダメンタル分析だけで石の上にも３年的な“我慢の投資”から解放されるのだ。スピード出世する銘柄に出合いやすい点は大きなメリットになる。「新高値」を付けるときには、会社のファンダメンタルズに大きな変化が起きている可能性も高い。つまり、業績を大きく変えるような「何らかの事象が起こっていること」を察知しやすいというメリットも「新高値」を使った成長株投資にはある。

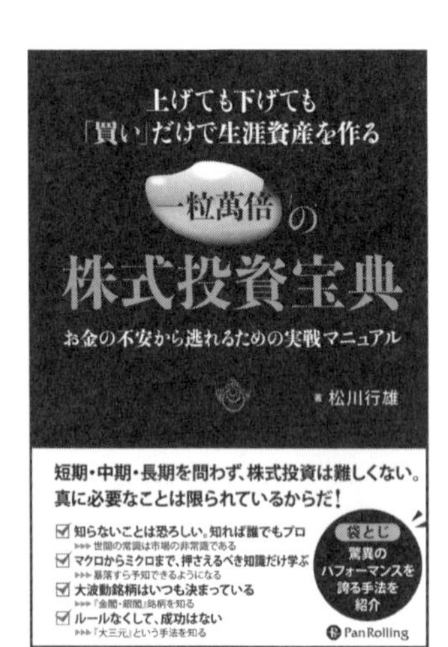

上げても下げても「買い」だけで生涯資産を作る
一粒萬倍の株式投資宝典

松川行雄【著】

定価 本体2,800円+税　ISBN:9784775991619

やるべきことは、すでに決まっている！

「株式投資でいかに儲けるのか」という話になると、普通は手法が中心になる。しかし、手法に詳しいだけでは足りない。総合的に株式投資のことを知っておく必要がある。株式投資自体は難しくはない。知らなければいけないものだけを理解しておき、やらねばいけないことを決め（＝ルール化し）、決めたことを実行し続けるだけでよい。本書では、株式投資に精通していない人にも取り組んでもらえるように、結果を出しやすい銘柄をまとめた「リスト」を付けている。さらに、圧倒的なパフォーマンスを挙げた手法（週単位）も紹介している。

暴落を上昇エネルギーに変える V字回復狙いの 短期システムトレード

korosuke【著】

定価 本体2,800円+税　ISBN:9784775991756

暴落は絶好の買い場！ 買うべき暴落を誰にでもわかるように「数値」で紹介

本書で紹介している売買ルールは、検証に検証を重ねています。実戦で"使えること"を証明しています。本書を読むとわかるように、「売買ルールをどのように深化させていくか」にページを割いています。システムトレードに興味のある方は、その情報を参考に、売買ルールの作り方を学んでいただければと思います。

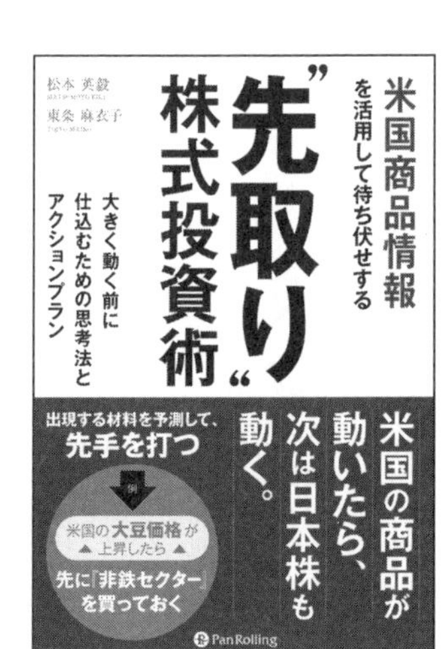

米国商品情報を活用して待ち伏せする "先取り"株式投資術

松本英毅, 東条麻衣子【著】

定価 本体1,800円+税　ISBN:9784775991732

大きく動く前に仕込むための思考法とアクションプラン

インターネットの普及によって、個人投資家でも本当に多くの情報を入手できるようになりました。その点では、機関投資家など、プロの投資家との差もほとんどなくなったと思いますが、その分、情報の賞味期限もどんどん短くなっていますから、何か材料が出てから動いているようでは、間に合わなくなってきているのです。これからの時代は、材料が出るのを待つのではなく、一歩進んで「この先、どのような材料が出てくるのか」を予測し、先手を打って仕掛けることでしか勝てなくなっていくのではないでしょうか。